MODERN HUMANITIES RESEARCH ASSOCIATION
CRITICAL TEXTS
VOLUME 28

FERNAND-CORTÉS

BY ALEXIS PIRON

MODERN HUMANITIES RESEARCH ASSOCIATION
CRITICAL TEXTS

The MHRA Critical Texts series provides affordable critical editions of lesser-known literary texts that are out of copyright and not currently in print (or are otherwise difficult to obtain). Since 2005 the series has been producing trusted scholarly editions of neglected works from across a range of periods. Titles are selected by members of the distinguished Editorial Board and edited by leading academics. The texts are taken from the following languages: English, French, German, Italian, Portuguese, Russian, and Spanish. Editions are fully annotated, engaging with the latest research, and include substantial introductions along with lists of further reading, glossaries, and appendices. The series combines meticulous scholarship with accessibility, meaning the editions serve the needs of academics while also being well suited to undergraduate reading lists and of interest to the wider reading public.

Editorial Board
Chair: Dr Jessica Goodman (University of Oxford)
English: Dr Stefano Evangelista (University of Oxford)
French: Dr Jessica Goodman (University of Oxford)
Germanic: Professor Ritchie Robertson (University of Oxford)
Hispanic: Professor Ben Bollig (University of Oxford)
Italian: Professor Jane Everson (Royal Holloway, University of London)
Portuguese: Professor Stephen Parkinson (University of Oxford)
Slavonic: Professor David Gillespie (University of Bath)

texts.mhra.org.uk

Fernand-Cortés

By Alexis Piron

Edited by Derek Connon

Modern Humanities Research Association
Critical Texts 28
2024

Published by

The Modern Humanities Research Association
Salisbury House
Station Road
Cambridge CB1 2LA
United Kingdom

© Modern Humanities Research Association, 2024

Derek Connon has asserted his right under the Copyright, Designs and Patents Act 1988 to be identified as the author of this work. Parts of this work may be reproduced as permitted under legal provisions for fair dealing (or fair use) for the purposes of research, private study, criticism, or review, or when a relevant collective licensing agreement is in place. All other reproduction requires the written permission of the copyright holder who may be contacted at rights@mhra.org.uk.

First published 2024

ISBN 978-1-83954-562-7 (paperback)
ISBN 978-1-83954-603-7 (hardback)

Typeset in Minion Pro by Allset Journals & Books, Scarborough, UK

For Carolyn

CONTENTS

Acknowledgements	viii
A Note on Names	ix
Introduction	1
Fernand-Cortés	27
Épître au roi d'Espagne	29
Préface	35
Fernand-Cortés	51
Select Bibliography	133

ACKNOWLEDGEMENTS

Thanks to Ceri Davies for being, as always, my go-to on Latin and Greek; to Jessica Goodman, Gillian Pink, and Simon Davies for their editorial work; to Benjamin, Tina, Carol, and Gary for their love and support.

A NOTE ON NAMES

The figure generally known as Hernán Cortés in modern Spanish and referred to in Piron's source text, Francisco López de Gómara's *Histoire generalle des Indes Occidentales*,[1] as Ferdinand Cortés, has the slightly less Gallicized forename 'Fernand' in Piron's text. However, as with his previous tragedy, *Gustave-Wasa*, the character's full name appears in the text only three times in the *Œuvres* of 1758, on the title page that precedes the paratexts, on the title page that follows the paratexts, and at the head of the first act, and twice in the 1757 edition which lacks the paratexts and so has only one title page. On the first two of those appearances in 1758 and the first in 1757 the name is hyphenated, but there is no hyphen in the version at the head of act I in either edition. Thereafter the character is known only by his family name.[2] However, it is not entirely clear how Piron intends to spell his version of this family name, since the use of accents in both the edition of 1757 and in the *Œuvres* of 1758, particularly on capitals, is extremely inconsistent. As a general rule, when the name is printed in capitals in the title, scene headings, or running heads an acute is used (this may be found as a conventional accent, or as an apostrophe after the capital 'E'). However, there are exceptions, which include the first title page of the 1758 edition, which has no accent (the two appearances of the title in the 1757 edition, and the two others in the 1758 text both use conventional acute accents). When the name is found in capitals as a character heading in the dialogue, it usually has a grave accent, and, although there are examples with no accent, in this context it never takes an acute. When the name is printed in small capitals, there is always an accent, but both grave and acute accents are found; again, in the case of the acute this may be an apostrophe after the letter, and, in truth, there are also examples in small capitals where the accent is so close to vertical that it is difficult to be sure which is intended, but in general the grave accent is more frequent. In lower case there is always a grave accent. As far as the title of the play is concerned, there are three versions in our source text, the 1758 edition: two with acute accents, one with no accent, two with a hyphen, and only one with both. This raises the issue of what to call it. The 1757 edition helps only slightly, as, although its title page has the version with the accent and the hyphen like the 1758 edition, the version at the head of act I has

---

[1] For more on this, see below.
[2] Paradoxically, in the case of *Gustave-Wasa*, the opposite is true: the character is generally known only by his forename. Indeed, it is only in the edition revised for the *Œuvres* of 1758 (Paris: N. B. Duchesne) that his family name appears at all, as the first version of the play is entitled simply *Gustave*.

the accent but no hyphen. So, with an awareness that the decision is to some extent arbitrary, on the basis that there are more versions with the accent than without, and more with the hyphen than without, I have given it the title *Fernand-Cortés*. I am also aware that this contradicts the fact that, because of the sheer volume of examples supporting the decision, in my discussion of the character I have opted for 'Cortès'; for the historical figure I use 'Cortés'.

The other characters are more straightforward, although some points are worth mentioning. The name Montézume appears, apparently randomly, both with and without the accent in upper case; in lower case the 'e' is always accented, and, with a single exception (a character heading in upper case in I. 5), the accent is always acute. Clearly it is the accented form used consistently in lower case that should be adopted for the character in discussion, and for the historical figure I have chosen Montezuma, since, although it may not be the most authentic of the various forms of his name that can be found, it is closest in English to that chosen by Piron, although Piron's source text prefers Moteczuma.

The fictional Don Pèdre has no definite model among the various historical 'Pedro's mentioned in the source text,[3] which prefers the more radical Gallicization 'Pierre'. With a single exception (in the heading to II. 1), where it takes an acute accent, in capitals this name never takes an accent, but, despite a small number of exceptions where there is an acute or no accent, in lower case this is generally spelt in the usual way with a grave accent. As for his title, there are two uses of 'Dom' in the entire play; otherwise it is abbreviated. In my own text I have preferred to conform to standard English usage and use 'Don'.

The Grand Prêtre is never accented in upper case, with the single exception of his appearance in the dramatis personae, and he is always accented in lower case; in lower case he always has initial capitals, whereas his hyphen comes and goes. In my own text I have retained the initial capitals, but have followed modern usage by dropping the hyphen.

The remaining two characters are unproblematic: Piron is consistent in never putting an accent on the initial capital 'E' of Elvire, so I have followed his lead, and the name Aguilar is spelt in exactly the same way as that of the historical figures Jerónimo de Aguilar and Alonso de Aguilar, one, or perhaps both, of whom are likely to have inspired the name.[4]

In referring to kings and queens of Spain and other historical figures with commonly Anglicized names, I have followed the usual practice of using these Anglicized forms. I have not used Anglicized forms for any French names.

---

[3] But see the note to his name in the dramatis personae.
[4] See the note to his name in the dramatis personae.

INTRODUCTION

Alexis Piron (1689–1773) is best known today, if he is known at all, as a writer of comedy, as a wit, and as a purveyor of ribald literature. In the first two cases this reputation is entirely justified: as the author of La Métromanie he can be said to have created one of the most interesting and unconventional French comedies of the eighteenth century, and it was this work, which continued to be read during the nineteenth century even though it effectively disappeared from the stage, that more or less single-handedly kept his reputation as a serious writer alive during that century and much of the twentieth. Then the publication of the first volume of Jacques Truchet's anthology of eighteenth-century theatre in 1972 brought back to public attention the theatre of the Parisian fairs, including Piron's first contribution to it, the three-act monologue *Arlequin-Deucalion*, which revealed his mastery in a different type of comic drama. As a wit he intimidated even Voltaire, whom he clearly enjoyed provoking, and collections of his witty texts and remarks were published during the first two decades of the nineteenth century.[1] The reputation for obscenity, on the other hand, although not entirely undeserved, was certainly exaggerated: the *Ode à Priape*, which dogged him throughout his life, eventually preventing him from becoming a member of the Académie Française,[2] may well have been a *folie de jeunesse*, as he liked to characterize it, but it is not the only ribald text among his poetic output, and there are also risqué elements in some of his plays for the theatre troupes that performed at the fairs.[3] Nevertheless, the collections of his so-called *œuvres badines*, anthologies of risqué or even obscene texts which appeared from 1796 to as late as 2022[4] and so compromised the reputation

---

[1] See Charles-Yves Cousin d'Avallon, *Pironiana; ou, recueil des aventures plaisantes, bons mots, etc. d'Alexis Piron* (Paris: Vitar-Jouannet, 1800 [republished in 1801, 1803 1809, 1813 and 1815]).

[2] Piron was apparently the preferred candidate for the place left vacant by the death in 1753 of Jean-Joseph Languet de Gergy, Archbishop of Sens, but was ruled out when a copy of the *Ode* was taken to the king, Louis XV, by the Bishop of Mirepoix. It is, of course, compulsory in any text on Piron to quote the epitaph he wrote for himself to commemorate this: 'Ci gît, PIRON, qui ne fut rien, | Pas même Académicien' (*Œuvres complettes*, ed. by Rigoley de Juvigny, 7 vols (Paris: Lambert, 1776), VII, 60). Still, the king did compensate Piron with the award of an annual pension of 1000 livres.

[3] See for instance *Tirésias* (1722), *Le Claperman* (1724), and *La Rose* (1726).

[4] The earliest edition listed in the Bibliothèque Nationale catalogue of *Œuvres badines* by Piron is Paris: Les Marchands de Nouveautés, 1796, and the most recent Paris: Hachette, 2022.

merited by *La Métromanie*, included numerous works by other authors, among them Voltaire, Grécourt, and Jean-Baptiste Rousseau.

His ready wit made him into a natural writer for both the fair theatres and the Théâtre Italien; nevertheless, despite his early success writing for these companies, like so many authors of his time, Piron aspired both to write for the Théâtre Français and to write tragedy. The first of these ambitions was fulfilled when his first *grande comédie*, *Les Fils ingrats* (later retitled *L'École des pères*), was premièred in 1728. Whilst this play enjoyed a modest success, the same cannot be said of *Callisthène*, his first attempt at tragedy, first performed in 1730. The nastiness of the plot, although less extreme than its source in the *Historiae Philippicae* of Justinus, perhaps owes something to the works of Crébillon *père*, but otherwise it is a traditional adaptation of an episode from classical history, which suffers from its author's attempt to stretch out too little material into five acts, as well as from the addition of a poorly integrated love plot. In setting out in his 1758 preface to the work the reasons for its relative failure, Piron does not go quite as far as to cite his traditional choice of a classical subject, but he does say that 'La sècheresse & la gravité du sujèt purent bien y être pour quelque chose'.[5]

Understanding these issues, Piron tried a different tack in his next attempt at a tragedy, *Gustave* (later retitled *Gustave-Wasa*), choosing a more original topic. Gustav Vasa's liberation of Sweden provided, by the standards of French classical tragedy, a swashbuckling subject for his second work in the genre, and, as well as having a more eventful plot, it also had a better integrated love interest. Additionally, it benefitted from its association with René-Aubert Vertot's successful *Histoire des révolutions de Suède*, which Piron adapted as his source text. First performed in 1733, it was one of the most successful tragedies of its age. It is perhaps surprising that Piron did not build on this success immediately; instead, there followed the double bill of a three-act comedy, *L'Amant mystérieux*, and a one-act pastoral, *Les Courses de Tempé*, in 1734[6] and his comic masterpiece *La Métromanie* in 1738 before he again turned his attention to tragedy with *Fernand-Cortés*, first performed in 1744.[7]

---

[5] *Œuvres d'Aléxis Piron*, 2 vols (Amsterdam: Merkus & Arckstée, 1766), I, 263.

[6] This double bill was the source of one of the most oft-quoted examples of Piron's wit: the comedy having been a failure and the pastoral a success, he apparently greeted his friends at the end of the performance with the instruction that they should kiss him on one cheek and slap the other (see *Œuvres complettes*, ed. by Rigoley de Juvigny, I, 293).

[7] The longer title, *Fernand-Cortés, conquérant du Mexique*, appears only on the second half-title in the *Œuvres* of 1758 (II, 476), and not at all in the 1757 edition (Paris: Duchesne, 1757), so I have not adopted it as the definitive title.

The Creation of the Play and the Role of Voltaire

Even though, as we shall see, there are features of the play that clearly build on the success of *Gustave*, it was not itself a success and, unusually, was not published at the time of its first performances, but had to wait until 1757, when its publication by the same publisher as the *Œuvres* of 1758, but without the paratexts that appear there, is presumably linked to preparations for that collected edition.[8] And yet, despite its failure, which clearly rankled with Piron, who thought himself and his play to be the victims of circumstance, he obviously valued it. The *Œuvres* of 1758 is clearly his attempt to bring together those works that he felt were worthy of preservation, providing them with newly written extended prefaces, and, with one exception, carefully revising them in the light of stage experience. The three volumes include only those dramatic works written for the Théâtre Français and a small amount of poetry: two works flattering the king, and three *Odes sacrées*, and although, significantly, the failed comedy *L'Amant mystérieux* is missing, *Fernand-Cortés* is very much present. It is in the preface written for *Fernand-Cortés* that Piron points out that this is the only play in the collection that has not been revised, and he explains why. The first performance, he tells us, had the misfortune to be played before a rowdy audience; he writes of the 'tumulte extraordinaire d'une Assemblée trop nombreuse & mal à son aise'. He speculates on the reason for this rowdiness:

> Il [*Fernand-Cortés*] essuya dabord un furieux contre-tems. Ce fut d'être donné dans le cours des répétitions de *Mérope*. La juste impatience publique ou particulière, dès-qu'il s'agit des nouvelles productions du célèbre Auteur de cette Pièce, est un torrent qu'il est très-dangereux pour ses Compétiteurs d'avoir derrière Eux. Il n'est digue tant forte soit-elle, qui bientôt ne rompe, & nous voilà submergés.

The behaviour of the audience, he says, 'pouvoit fort bien être une suite assez naturelle' of this situation. It would appear, though, that this is a rather more diplomatic explanation than what he actually believed to be the case. This is revealed in a poem entitled 'La Pépinière, *allégorie*', where, in a section devoted to the goddess Atë, personification of mischief, delusion, and folly, and, according to Piron, daughter of Envy, he compares Voltaire to her as follows:

> Telle de *Voltaire*, à peu près,
> Se montra la joie éclatante,
> Quand sa cabale militante,
> Au Théâtre étouffa *Cortès*.[9]

---

[8] The revised edition of *Gustave*, with its new title of *Gustave-Wasa*, had similarly appeared in a separate edition with that same publisher without its paratexts before 1758, in this case as early as 1755.

[9] *Œuvres complettes*, ed. by Rigoley de Juvigny, VII, 21–26 (p. 24).

So, in this more forthright version, it is not just Voltaire's reputation that destroyed the chances of the play succeeding, but a personal campaign by Piron's rival himself. Whatever the cause of the restlessness in the audience, it resulted, Piron tells us, in 'le désordre de la mémoire & du jeu des Acteurs'. The reaction of the actors, he writes, was to blame the play, and to set about cutting it, resulting in the loss of material essential for an understanding of the plot. The play had only seven performances, and, whether or not these cuts were the sole reason for its lack of success, Piron felt perhaps justifiably aggrieved. His decision not to revise it for the 1758 Œuvres is therefore because, whilst in the case of the other plays included there the revisions were based on lessons learnt during performance, as far as this work was concerned, he felt that no audience had actually seen it as he intended, and therefore he had learnt nothing valid from their reactions.

Of course, the rivalry between Piron and Voltaire is well known, and so Piron's disappointment was made all the worse by the comparison of the failure of *Fernand-Cortés* with the success of *Mérope*: by all accounts the first performance of Voltaire's tragedy on 20 February 1743 was a huge success, and it clocked up fifteen performances in its first year, the last in April. The rehearsals Piron refers to in the quotation above were for its equally successful revival in February 1744, and were ongoing when Piron's play was premièred on 6 January.[10]

Consequently, the contrast between the fates of the two plays was made worse by the fact that Piron suspected that, somehow or other, Voltaire was the cause of the unruly behaviour of the audience at his own first night. And, to make matters worse, Piron was also convinced that, in addition to significant other borrowings in *Mérope*, Voltaire had stolen a scene from his own *Gustave* — he comments on the issue in a footnote to the phrase 'Le divin Auteur de *Mérope*' in Rigoley de Juvigny's edition of an *épître* to Frederick the Great written by Piron to mock another by Voltaire addressed to the king on 1 November 1744:

> On donnoit alors *Mérope*, & c'étoit dans la nouveauté de cette Tragédie, dont le succès gonfloit l'Auteur, quoiqu'elle ne fût qu'une copie imparfaite de la *Mérope* du Marquis MAFFEI;[11] saupoudrée, par-ci, par-là, d'un pillage de nos Auteurs indistinctement, jusqu'aux plus pauvres, puisque le plus beau coup de Théâtre de *Mérope* est pris, tout crud, dans le *Gustave* du pauvre PIRON.[12]

There is no doubt about Voltaire's debt to Maffei, as he acknowledges it himself, but clearly the accusation of his having stolen a scene from Piron himself is more controversial. Nevertheless, it is certainly true that act IV, scene 2 of *Mérope* not

---

[10] See *Œuvres complètes de Voltaire*, ed. by Theodore Besterman et al., 205 vols (Oxford: Voltaire Foundation, 1968–2022), XVII (1991), 141–43.
[11] This tragedy by the Italian Francesco Scipione, Marchese di Maffei (1675–1755) was published in 1714.
[12] *Œuvres complettes*, ed. by Rigoley de Juvigny, VI, 198. Voltaire's epistle will be found in *Œuvres complètes de Voltaire*, XXVIIIB (2008), 478–81.

only has clear similarities to act IV, scene 5 of *Gustave*, but also occurs at a very similar point in the action.[13]

We see Piron responding to the failure of *Fernand-Cortés* in characteristic fashion by joking about it, although in a way that clearly reveals his frustration and perhaps even an element of self-pity, as we see in two texts that are likely to have been written in 1744, and presumably shortly after the failure of the play. The first, a verse epistle to the Duchesse de Luxembourg is worth quoting in full — the 'Dythirambe' mentioned in the explanatory note preceding the poem is the 'Dithyrambe sur les conquêtes et la convalescence du Roi',[14] which refers to the king's recovery from an illness which struck him in August 1744; the epistle to the Duchesse must have followed shortly afterwards:

A MADAME

LA DUCHESSE DE LUXEMBOURG,[15]

En lui envoyant mon DYTHIRAMBE, *qu'elle me reprochoit de ne lui avoir pas envoyé avec les* CHANSONS.[16] *Elle accompagnoit ce second Billet du présent de deux beaux Perroquets de porcelaine de la Chine.*

Belle Duchesse, excusez, si PIRON
    Ne vous présenta pas son Ode:
    Il a craint d'être un incommode,
    En la joignant à la Chanson.
J'en jure par les Sœurs que nous voyons s'ébattre
    Sur le Pinde au nombre de Neuf.[17]
Voyant dans votre cour le Chantre d'HENRI-QUATRE,[18]
J'ai cru n'être à vos yeux qu'un Chantre de Pont-Neuf.[19]
    Parlerai-je sans enveloppe?
Je suis intimidé par mon mauvais succès;[20]

---

[13] For a detailed consideration of this issue, see my edition of *Gustave-Wasa*, MHRA Critical Texts, 57 (Cambridge: Modern Humanities Research Association, 2016), pp. 34–37.
[14] *Œuvres complettes*, ed. by Rigoley de Juvigny, VI, 241–46.
[15] *Œuvres complettes*, ed. by Rigoley de Juvigny, VII, 159–60.
[16] There is an obvious contradiction between the plural here, and the singular 'chanson' in the text. The singular appears to be confirmed by a poem bearing the title 'A madame la duchesse de Luxembourg en lui envoyant ma Chanson du Pont-Neuf, qui finit par ce refrain: Vive le Roi, vive le Roi de France!' (*Œuvres complettes*, ed. by Rigoley de Juvigny, VII, 193), which also explains the reference in l. 8. I have not been able to trace the 'Chanson du Pont-Neuf' itself, which is not included by Rigoley de Juvigny or Dufay in their editions of the complete works.
[17] The nine Muses; along with Mount Helicon and Mount Parnassus, the Pindos mountain range came to be associated with them.
[18] In other words, Voltaire, author of the epic *La Henriade*.
[19] 'Pont-neufs' were satirical songs, generally intended to be sung to pre-existing tunes, which took their name from the fact that many were sold on the Pont Neuf. Clearly Piron's 'Chanson du Pont-Neuf' would have been an example of one of these.
[20] A note added at this point by either Piron or Rigoley reads: 'CORTÈS venoit de tomber'.

> Vos beaux yeux se plaisoient à pleurer chez *Mérope*;
> Et votre belle bouche à bâiller chez *Cortès*;
> > Vous m'avez coupé bras & jambe.
> Car enfin ce *Cortès* est mon plus bel exploit;
> > Et quiconque l'a trouvé froid,
> > Doit geler à mon *Dythirambe*.
> Mais que j'aime à présent, au comble du bonheur,
> > A me rappeler ma disgrâce!
> > De *Cortès* & de son malheur,
> Qu'aujourd'hui vos bontés effacent bien la trace!
> J'ai baisé, rebaisé vos deux jolis paquets;
> > En m'écriant au fort de mon extase;
> > Ah, si je suis mal en Pégase,[21]
> > Me voilà bien en Perroquets!

Piron's comment that, in his own view, the play was his greatest achievement is particularly telling. Still, the idea that it is tediously boring reappears in another satirical poem, apparently from the same year. Nivelle de La Chaussée's *Mélanide* dates from 1741, but Piron's 'Sur la comédie de Mélanide', with its mention of the failure of *Fernand-Cortès*, must have been inspired by the republication of the play in 1744 — it does appear to refer to the play in print rather than in performance. Piron revisits an old cliché of satirical verse in suggesting that La Chaussée's work is most successful as a soporific; he recommends that a copy be sent to be read to his friend and patron the Comte de Livry to help cure his insomnia. It is the final lines that interest us here — the poem is addressed to La Chaussée's play itself:

> Sache guérir de l'insomnie;
> Ce seroit le plus grand succès,
> Le plus beau succès de ta vie.
> D'un succès pareil, je te prie,
> Dérobe l'honneur à *Cortès*.[22]

However, the affirmation that '*Cortès* est mon plus bel exploit' clearly contradicts this self-mockery, and Piron had certainly gone about creating a work that would be the equal of his previous tragedy in the right way. Building on the success of the relatively unusual subject of *Gustave*, for *Fernand-Cortès* he chose an even more exotic topic, the conquest of the city of Mexico by Hernán Cortés, in particular the events leading up to the death of Montezuma. The plot is undoubtedly eventful, and the love plot just as well integrated as in *Gustave*; indeed, whilst in the earlier play the hero's rescue of his beloved Adélaïde and his mother Léonor is only one aspect of his aim to overthrow the tyrant Christierne (Christian II), albeit the one that dominates the action, in

---

[21] Pegasus is often used at this period as a symbol of literary creation.
[22] *Œuvres complettes*, ed. by Rigoley de Juvigny, VII, p. 194.

Fernand-Cortés the hero's entire mission to Central America seems to be an attempt to win over Don Pèdre, the father of his beloved Elvire. It is perhaps superfluous to point out that, despite the historical sources of the plays, in both cases the love plots are pure fiction.

Although Piron is less specific about his principal source for the historical material for *Fernand-Cortés* than in the case of Vertot for *Gustave*, a footnote in the preface to the 1758 edition makes it clear that he consulted the *Histoire generalle des Indes Occidentales*, the translation by Martin Fumée of *La Historia general de las Indias* by Francisco López de Gómara.[23] Nevertheless, whilst this subject might seem even more fascinatingly foreign than the Swedish setting of *Gustave*, it was arguably less original, for it entered into direct competition with Voltaire's *Alzire* of 1736. It is also true that even Voltaire's was not the first play to be written on a New-World subject,[24] but the numerous references to both that play and its author in the 1758 preface to *Fernand-Cortés* make it clear that for Piron it was by far the most important. Voltaire's play is set not in Mexico among the Aztecs, but in Peru among the Incas, but, like Piron's play, it deals with the conquistadors, and Voltaire himself clearly regards the two Spanish expeditions as comparable in their impact, summing up the implications of the dialogue of part of the first scene of *Alzire* in the following footnote: 'On sait quelles cruautés Fernand Cortez exerça au Méxique & Pizaro au Pérou'.[25] Indeed, the choice for one of his principal Peruvian characters of the name Monteze, with its obvious similarity to Montézume, the French variant of the name of the king of the Aztecs that Piron would also use, might even have been intended to blur the distinction between the two events.

That Piron should have taken to the stage in 1744 with a play on a subject so similar to a tragedy by Voltaire which, since its first performance in 1736, had established itself as one of his most successful, is clearly no coincidence.[26] He writes as follows in his 1758 preface:

---

[23] 5th edn (Paris: Michel Sonnius, 1584; repr. 1605 & 1606), although Piron's use of less Gallicized versions of the characters' names and other points of detail show that this was not his exclusive source.

[24] See the introduction by T. E. D. Braun to his edition of *Alzire* for details of French works on New-World subjects that preceded that play (*Œuvres complètes de Voltaire*, XIV (1989), 13–14).

[25] Ibid., XIV, 126. Braun also shows that the distinction between Central and South America was not a particularly meaningful one for Europeans of the period — he gives a number of examples of writers confusing the two (ibid., p. 19, n. 25) — although there is clearly no such confusion in Voltaire's comparison.

[26] Considering performances at the Comédie-Française alone, *Alzire*, which had 328 performances from 1736 to 1830, achieved 40 in its first five seasons up to 1744, the season in which *Fernand-Cortés* received its seven performances. This, as Piron must have realized, was a sign of significant success, coming close to Voltaire's most successful tragedy, *Zaïre*, with 47 performances in its first five seasons (it would eventually be performed 488 times

> Il existe, parmi Nous, une petite Secte de faux-Moralistes qui, sans avoir peut-être été jamais bons Fils, bons Pères de famille, bons Amis, ni bons Patriotes, que dis-je, qui, sans avoir jamais senti peut être, ni seulement soupçoné ce que c'est que le Prochain, se donnent grâvement pour des Citoyens du Monde; & qui s'arrogeant, à ce titre, le ton des SOCRATES & des MONTESQUIEUX, prènnent haûtement le Genre-humain sous leur protection. Parlez-leur de l'Amérique: *A quoi bon, s'écriront-ils, & de quel droit, avoir été chez Eux inquiéter ces bonnes Gens? Le Ciel avoit mis dix-huit cens lieuës de mers entre Eux & Nous. C'étoit une Barrière sacrée qu'on auroit dû respecter jusqu'à la fin des Siècles. L'avoir osé franchir, ce fut insulter aux décrèts de la Providence. Ataquer, soumètre & civiliser ces Hommes quels qu'ils fûssent, c'étoit déraison, injustice, & tiranie!*

There seems little doubt that Voltaire is one of the anti-colonialists he has in his sights.

Clearly, an entirely anti-colonial statement would not have been suitable for a work destined for the public stage, but *Alzire* nevertheless provides enough evidence of negative behaviour on the part of the conquistadors to provide food for thought for the committed colonialist. In the opening lines of the play, Don Alvarès, who is giving up the role of Governor of Peru, reveals that he has just had official confirmation that the post is passing to his son, Don Gusman. Whilst Alvarès was clearly a good governor, who regrets the cruelty of his compatriots, Gusman is entirely the opposite, regarding the indigenous population as no better than slaves. Nevertheless, he is in love with Alzire, a Peruvian who, along with her father Monteze, sovereign of part of Potosí,[27] has converted to Christianity. She is still in love with Zamore, sovereign of another part of Potosí, to whom she was betrothed, but, since he is missing presumed dead, she agrees to marry Gusman. As part of the celebration of the wedding, Peruvian captives are released from prison, at their head Zamore — it is, of course, a convention of classical drama that any character missing presumed dead at the beginning of the action will, sooner or later, turn up very much alive. Alvarès recognizes in Zamore the man who once saved his life, but Zamore identifies Gusman as the man who destroyed his city, took Alzire from him, and had him tortured and imprisoned. His hatred is increased by the discovery that Gusman is now

---

from 1732 to 1936), and surpassing the 34 performances in its first five seasons for Piron's own *Gustave-Wasa*, which would total 119 performances at the Comédie-Française between 1733 and 1791. Only his most successful play, *La Métromanie*, which received 370 performances at the Comédie-Française between its première in 1738 and 1893, surpassed this figure in its first five seasons, with 43 performances (some of this information was drawn from the old 'La Grange' website of the Comédie-Française, on which some information was more readily available than on the new updated version, <http://www.comedie-francaise.fr/la-grange-recherche-simple.php?id=550> [accessed 12 October 2012], and some from the site 'Registres de la Comédie-Française', <https://ui.cfregisters.org/plays> [accessed 5 November 2023]).

[27] Potosí, Potoze for Voltaire, a city and region of modern-day Bolivia, was an important source of silver for the conquistadors.

married to Alzire, and eventually he stabs him. Alvarès is given the power to decide the fate of Zamore and Alzire (who has been unjustly implicated in the crime) and agrees to spare them if Zamore converts to Christianity. Zamore refuses, but is then confronted with the dying Gusman, who, as he expires, sees the error of his ways, pardons Zamore unconditionally, tells him that, whilst the gods of Peru preach vengeance, his God recommends forgiveness, hands Alzire back to him, telling him to rebuild his city, and tells Alvarès to act as father to the couple. Zamore appears to be on the point of converting to Christianity as Gusman dies and the play ends.

We can see Voltaire pulling his punches as the play ends in a spirit of reconciliation, with the same paternalistic attitude toward colonialism that we will find expressed at the end of Piron's play. And, just as we will later observe in Piron's work, the Christian religion is held up as a model of how to behave, in contrast to the indigenous religion, although Voltaire does not exploit the Incas' penchant for human sacrifice as a major theme as Piron will do in the case of the Aztecs. He also gives us in Alvarès an example of the good conquistador, and in Alzire and Monteze examples of Peruvians who, having accepted Christianity, have largely made their peace with the Spanish. But then, one of the major roles is allotted to the bad colonist, even if he does have a deathbed conversion, and whilst Piron in his 1758 preface compares the 'furieux Amant d'Alzire' with his 'fripon de Grand Prêtre', it is clear that Voltaire has given Zamore good personal reasons, with which the audience may well sympathize, for his hatred of the invaders, whereas Piron undermines the Grand Prêtre's ideological defence of his own religion by insisting on its sanguinary nature.

Whilst Piron accepts that the cruelty of Francisco Pizarro in Peru is to be condemned, unlike Voltaire, he argues that Cortés was a quite different case, choosing to take the popular traditional view that he was an indisputable hero:

> Enfin *Cortès* a pour lui la valeur, la prudence, l'humanité, la Fortune, & la Religion. A quels titres plus justes méritera-t-on jamais les honeurs de l'héroïsme? Vous l'aurez quelque part oüi nommer Cruel, Avare, Exterminateur. Hiperbole & mauvaise foi. Jalousie nationale qui se plaît à confondre *Pizare* & ses Pareils avec CORTÉS; ou bien, vaines déclamations suportables tout au plus dans la bouche du furieux Amant d'Alzire & de mon fripon de Grand Prêtre. Enfin c'est au Lecteur équitable à prendre *Cortès* pour tel que je le présente ici fidèlement, & qu'à son amour près, je le reçois de la main des plus grâves Historiens de sa Nation.

This is certainly the view adopted by the one writer identified by Piron as a source, Francisco López de Gómara, although even he is more open about brutal actions committed by the Spanish that Piron prefers either not to mention at all or to gloss over.[28]

---

[28] Matthew Restall examines this cult of Cortés in his 'Moses, Caesar, Hero, Anti-hero', *Leidschrift*, 31.2 (May 2016), 33–58. For useful general comments on the various reasons for

There seems little doubt that, as Pascale Verèb tentatively suggests, 'Piron, sans en faire l'aveu explicite, a peut-être voulu se confronter à son rival dramatique sur un sujet identique'.[29] Indeed, I would go further, and suggest that his play was intended as a corrective to the view of Cortés expressed by Voltaire, and that, by stressing the strong links between France and Spain in the dedicatory epistle, Piron contrives to make it not only pro-Spanish, but positively patriotic. To enter into competition with Voltaire in this way was a bold move, given that the short-term success of his play was already obvious and promised an equally successful future, and the failure of *Fernand-Cortés* must have been all the more galling because of this — Piron had taken on his rival head-to-head, and had failed. This would also, of course, explain why, in the 1758 preface, Voltaire is not only criticized on more than one front, but is even blamed for the failure of the play; elsewhere, as we have seen in the poem 'La Pépinière', Piron even goes as far as to accuse him of active subversion. Hence, it is easier to understand his perhaps radical reaction to the reception of his own play, including the decision neither to publish the text immediately after the first performances, as was usual, nor to seek a revival,[30] given that a total of seven performances, although very disappointing in comparison to the reception of *Gustave*, *La Métromanie*, and Voltaire's great successes, was not perhaps as extreme a failure as is suggested by Piron in his preface. His first tragedy *Callisthène* had only eight, and yet was still published, and many a play had fewer. The issue seems to be that, in the case of *Callisthène*, he understood the reasons for the failure and was happy to treat it as a first foray into the genre. Claude Perret, in a speech in praise of Piron delivered to the Académie de Dijon in the year of his death, even contended that he had a particular fondness for it, despite the superiority of *Gustave-Wasa*: 'On a supposé néanmoins que Piron forma de [*Callisthène*] l'objet principal de sa prédilection, comme *Rodogune* en fut un de préférence pour le grand Corneille.'[31] But with *Fernand-Cortés* there was more at stake, for he was more than just fond of it: it was a work he valued and had staked much on, and its failure also represented a failure in his rivalry with Voltaire. That he felt it was the actors who had brought about this failure

---

colonization, including observations relating directly to the Spanish conquest of South and Central America, see Robert J. C. Young, *Empire, Colony, Postcolony* (Chichester: Wiley Blackwell, 2015), particularly pp. 7–10.

[29] *Alexis Piron, poète, (1689–1773); ou, la difficile condition d'auteur sous Louis XV*, Studies on Voltaire and the Eighteenth Century, 349 (Oxford: Voltaire Foundation, 1997), p. 583.

[30] Under normal circumstances, even a run of seven performances would have justified publication of the play, and the fact that the dedicatory epistle, although not published until it appeared in the *Œuvres* of 1758, was dedicated to Philip V of Spain, who died in 1746, indicates that it must therefore have been written in expectation of the usual publication straight after the first performances, and so confirms that it was indeed his disappointment at the reception of the work that caused Piron not to publish.

[31] *Éloge de M. Piron* (Dijon: Frantin, 1774), p. 28.

and not the quality of his own text would, of course, have made matters worse, but did also allow him to transfer responsibility for the disaster away from himself and his play. Nevertheless, despite Piron blaming them for its failure, an anecdote recounted by Rigoley de Juvigny in the 'Vie de Piron' that opens his edition of the complete works suggests that Piron's extreme response was, in their view, an overreaction, for they thought highly enough of it to have suggested to him that he should revise it:

> Il eût été possible, & même facile, à PIRON, d'en faire disparoître les défauts. Les Comédiens le pressèrent vivement d'y faire des corrections, & lui citèrent l'exemple d'un de ses plus célèbres confrères, qui corrigeoit, & refondoit même quelquefois, jusqu'à des actes entiers. *Parbleu, Messieurs, je le crois bien*, dit-il, *il travaille en marqueterie, & moi je jette en bronze*. Cette réponse n'est point vaine. Il est certain que l'homme de génie *jette en bronze*, & brise ou abandonne, comme le statuaire, tout ouvrage manqué à la fonte.[32]

Still, despite the element of self-aggrandizement in that reply and the obvious sideswipe at Voltaire, who is clearly the habitual reviser referred to,[33] the remark suggests someone disillusioned enough not to want to invest any further time or energy in the project, perhaps even someone who, thinking his first version entirely satisfactory, would not know where to begin revising it. Still, despite this initially despondent reaction, in the long term, Piron retained his confidence in the play, as is shown by the way he continued to champion it in his 1758 preface. And it is true that, even though its theatrical reception in Paris was disappointing, its publication in French was followed by translations into Dutch and Spanish, and it also inspired the opera *Fernand Cortez; ou, la conquête du Mexique* by Spontini.[34] Nevertheless, after the only separate edition, which, as

---

[32] *Œuvres complettes*, ed. by Rigoley de Juvigny, I, 110.

[33] Voltaire's revision of *Mariamne* (first version 1724, second 1725) is one of the objects of Piron's satire in his parody *Les Huit Mariannes* (1725). He does acknowledge that the public found the second version an improvement on the first: in a parody in which various plays on the subject of Mariamne (Marianne in Piron's spelling) are depicted as women competing for the affections of a sultan who represents the public, Voltaire's first *Mariamne* is played by Arlequin, the second by Silvia. However, he will go on to undercut this by suggesting that the success of that second version depended on material plagiarized from various classic tragedies, including Racine's *Andromaque* and *Iphigénie*, Pierre Corneille's *Polyeucte*, and Thomas Corneille's *Le Comte d'Essex*. For the text of the parody, see *Œuvres complettes*, ed. by Rigoley de Juvigny, V, 259–326.

[34] *Ferdinand Cortez, overwinnaar van Mexico*, trans. by Johannes Nomsz (Amsterdam: Izaak Duim, 1764); although published anonymously, the Spanish translation, *Hernan Cortés* ([Madrid]: Imprenta Real de la Gazeta, 1776), has been attributed to Alonso Pérez de Guzmán, Duke of Medina Sidonia; *Fernand Cortez; ou, la conquête du Mexique* (Paris: Imbault, [1809]), music by Gaspare Spontini, libretto by Étienne de Jouy and Joseph-Alphonse Esménard, was first performed in 1809.

we have noted, appeared as late as 1757, the publication history of the play in French is limited to collected and complete editions of Piron's works; in anthologies Piron's tragedies are represented by *Gustave-Wasa*. It is perhaps significant that, although he lived for a further twenty-nine years, he did not write again for the theatre.[35]

The Play: Tragedy and the Love Plot

So, how convincing is Piron's defence of this play in the 1758 preface? Perret, in his eulogy, commented:

> La Tragédie de *Fernand Cortès*, jouée en 1744, ne fut point aussi généralement applaudie [compared to *La Métromanie*]; mais cette Pièce, comme toutes celles du même Auteur, qui n'ont pas eu une réussite aussi complete que *Gustave-Vasa*, ou la *Métromanie*, eût peut-être suffi pour donner de la célébrité à un Poëte, qui auroit eu moins de titres que Piron, pour y prétendre.[36]

Can this be accepted as a fair assessment?

One of the aspects of his play with which Piron was most satisfied was the integration of the love plot. His complaints about the requirement to include a love plot in all tragedies are a recurring theme in his prefaces, but here he feels that, despite his reservations about the need for any romantic interest, he has successfully woven it into the fabric of the action:

> L'Amour ici me paroît d'autant plus artistement imaginé, que tout intrus qu'il y est, au lieu d'y nuire, il y préside; & que c'est lui qui prépare, qui nouë & qui dénouë tout le reste. L'Héroïsme & Lui se donnent mutuellement la main d'un bout à l'autre de la Pièce.

And yet, it is difficult not to feel that the love plot dominates the play so much that the historical theme becomes merely a support for it. Indeed, the vow made by Cortès to his beloved Elvire before embarking on his mission to the Americas, of which Aguilar reminds him as early as act I, scene 4, suggests that the entire

---

[35] In addition to the influence of Voltaire's *Alzire* on the composition of Piron's play, based largely on the fact that a character called Don Sanche plays a similar role in both works, Pascale Verèb has suggested that *Fernand-Cortés* also shows the influence of Corneille's *Le Cid* (see *Alexis Piron, poète*, pp. 573–74). Since the Spanish name that Sanche derives from is not uncommon, it is perhaps not indisputable evidence of a connection, but, if there is one, we may note the significant differences in the treatment of the subject matter in the two. For, if both refer to the nefarious effects of the Spanish system of *honor* on the fate of a pair of lovers, they do so in entirely opposite ways. In Corneille's play Rodrigue and Chimène have their happiness destroyed by the requirement to uphold the honour of their fathers, which they do, whilst in Piron's work Cortès overcomes the system by refusing to submit to it. (See also on this subject Derek Connon, *Identity and Transformation in the Plays of Alexis Piron* (Oxford: Legenda, 2007), p. 87.)

[36] *Éloge de M. Piron*, p. 31.

motivation for it was to impress her father so that he would be forced to allow their marriage:

> » *Elvire, dites-vous, j'ai pour astre contraire,*
> » *Et de nos deux Maisons la haine héréditaire,*
> » *Et le désavantage auquel est exposé*
> » *L'Homme que la Fortune a peu favorisé.*
> » *Mais que ne peut un cœur que le vôtre seconde?*
> » *Le Ciel à ma valeur présente un nouveau Monde:*
> » *J'y vole; & cette épée y fera des exploits*
> » *Dont se glorifieront & l'Espagne & nos Rois.*
> » *Que Charle à mon Elvire en doive la conquête!*
> » *Que de myrtes*[37] *lui-même il couronne ma tête;*
> » *Et que pour s'aquiter envers de si beaux feux,*
> » *Il contraigne D. Pèdre à nous unir tous deux!*

This is confirmed by the subsequent action, particularly when, in act IV, scene 6, Cortès says to Elvire:

> J'ai donc passé les Mers plus pour Lui [Don Pèdre] que pour Vous.
> En cherchant les dangers, je cherchois son estime.
> Je l'aurai méritée; il sera magnanime.
> Nations, Elémens, j'ai tout vaincu pour Lui.

Indeed, later, in act V, scene 4 he will make a similar but more grandiose statement to her father Don Pèdre himself:

> Quel est le Conquérant ici, si ce n'est Vous?
> [...]
>   Vous, en qui le droit de disposer d'Elvire,
> Rassemble, & par delà, tous les droits de l'Empire!
> Vous dont je ne pouvois, par de moindres exploits,
> Chercher à mériter & l'estime & le choix.
> De ces exploits moins dûs à mon bras qu'à ma flame,
> Elvire étant l'objèt, vous seul en étiez l'ame.
> Mes lauriers sont à Vous, comme, aux Fronts couronés,
> Ceux qu'un Sujèt fidèle a pour Eux moissonés.

This, of course, fits with Piron's characterization of Cortès as a hero by absolving him from the quest for gold and silver, not to mention world domination, seen as the usual reasons for the exploration of the New World, but it does mean that there is a certain justification in Pascale Verèb's remark that *La Conquista* is 'réduite à une affaire de cœur'.[38]

In the passage immediately following the extract from the preface quoted above, Piron even goes on to congratulate himself on avoiding in his love match

---

[37] A telling detail, since myrtle is a symbol of marriage, whereas the returning hero would usually expect to be rewarded, metaphorically at least, with laurel or palm, both symbols used by Piron during the course of his text.
[38] *Alexis Piron, poète*, p. 573.

one of those 'unions subites, monstruëuses, & mal-assorties que l'imagination peu réglée d'un Auteur fait naître quelquefois entre deux Cœurs & deux Persones éfroyablement étrangères l'une à l'autre par le climat & par la Religion', and here he makes direct reference to Voltaire, citing not only *Alzire*, but *Zaïre* too. The problem with this, as far as his own text is concerned, is that, in order to create a plot that allows him to avoid this situation, he has to engineer a coincidence that is scarcely plausible: Cortès's Spanish beloved and her father, whom he believed safe and sound back in Spain, are shipwrecked on the Central American coast and are on the point of being sacrificed by the Grand Prêtre. It is true that we can find both tragic and historical precedent for this: it is similar to the circumstances in which the brother and sister Orestes and Iphigenia are reunited in Euripides' *Iphigenia in Tauris*,[39] as well as mirroring the fate from which Jerónimo de Aguilar, the historical figure who is the most likely source for the name of Piron's Aguilar, escaped. Still, no recognition scene followed on from his deliverance, and neither does the classical model make the coincidence any more convincing in Piron's work. Furthermore, although the detail that Elvire has made the journey dressed as a boy in order to save her from 'des outrages du sort' provides Piron with an explanation for Cortès's failure to recognize her when she is rescued, it also shows a sanguine faith in the morals of eighteenth-century sailors which would no doubt have been roundly mocked by the author of *Tirésias* and *Le Claperman* if he had found it in a tragedy by anyone else.[40] And, to make matters worse, if the illustration of act III, scene 6 found in the 1758 edition is a true image of what happened onstage in 1744, it shows that the actors had learnt nothing from the mockery of the fact that the heroine of *Gustave* appeared perfectly groomed in act V in exactly the same costume she was wearing in act IV, despite the fact that she is supposed to have been rescued from the sea in the interval between the two acts, for the implausibility of the situation is further underlined by the fact that Elvire is dressed in entirely European dress, even though, her masculine disguise apart, we are told that all her clothing has been lost in the shipwreck, and her new garments have been supplied by '[l]es Femmes qu'adoroit Montézume avant Elle' (II. 1).[41]

---

[39] Although Orestes and Pylades are not shipwrecked, but come to the land of the Taurians on the instructions of the oracle of Apollo.

[40] There are risqué misunderstandings in both of these plays written for the fairs, *Tirésias* in 1722 and *Le Claperman* in 1724, resulting from the title character's change of sex in the former, and the use of transvestism in both.

[41] The disregard for realism in theatrical costumes was quite usual in this period, and not confined to the Théâtre Français. In Marivaux's *Le Jeu de l'amour et du hasard*, first performed at the Théâtre Italien in 1730, Silvia, hurrying off to disguise herself as her servant, draws attention to the implausible similarity of the costumes for the mistress and the servant by commenting: 'Il ne me faut presque qu'un tablier' (I. 2). Not until 1755, when Mlle Clairon

Piron compounds this initial coincidence with the suspense surrounding Don Pèdre's attempts to conceal Elvire's identity from Cortès and the issue of whether or not he will realize who she is before agreeing to her marriage to Montézume, which, unsurprisingly given the need to complicate the plot, he fails to do. For the arrival in Central America of Elvire not only allows Piron to achieve the required union between Elvire and Cortès, it also allows him to play out the avoidance of the unsuitable cross-cultural union he criticizes in other authors by allowing him to set up the conditions for Montézume to fall in love with her, and for Don Pèdre to agree to their marriage.

So dominant is this love triangle that the play is open to the criticism that the characters spend an inappropriate amount of time concentrating on it, when they should be taking steps to quell the ongoing uprising of the Mexicans; it was possible to make a similar criticism of *Gustave*, although in that play the fact that the rescue of the beloved forms part of the military action, rather than simply being a distraction from it, does serve to mitigate the problem. Here Piron seeks to deal with the issue by the perhaps unusual device of drawing attention to it. Already in act I, scene 4, Cortès's initial response when Aguilar introduces Elvire into their conversation, with a view to reminding him of his vow to her, is to comment:

> Ne songeons qu'à la guèrre; elle est notre métier,
> Aguilar; laîssez-moi m'y livrer tout entier!

(Although it is true that we will discover later in the scene that his reluctance to discuss her is less the result of his military commitment, than because he has discovered that she has been betrothed to Don Sanche.) Later, in the first scene of the third act, the roles are reversed, as Aguilar, trying to keep his promise to Don Pèdre by ensuring that Cortès does not identify the shipwrecked Spanish woman as Elvire, tries to prevent him from visiting her by pointing out to Cortès that he has more important things that he should be dealing with (although it should be said that Cortès takes no notice of this attempt to get him to leave; he does not exit until the end of the penultimate scene of the act):

> Ce vestibule ouvert conduit chez l'Espagnole.
> Vous pourez la trouver. Mais de quel soin frivole,
> S'ocupe ici Cortès, en ce moment fatal,
> Où tout demande ailleurs les yeux du Général?

Then, in that penultimate scene, scene 6, in an action which is clearly psychologically motivated, but nevertheless also seeks to provide a solution to the danger of the love plot becoming too dominant, Cortès postpones the wedding of Elvire to Montézume on the grounds that it is inappropriate at a

---

gained plaudits for her decision to abandon *paniers* in her costume for Voltaire's *L'Orphelin de la Chine*, would there be signs of a move towards greater authenticity.

time when military action is required. Obviously, in terms of the logical response to the danger the Spaniards are in, this decision is entirely justified, but the audience readily understands that the real reason for it is that Cortès has just discovered that the unidentified Spanish woman whose marriage to Montézume he has not only approved but encouraged is in fact his beloved Elvire. He declares, speaking first to the king:

> Je songe à diférer une cérémonie
> Qui veut plus d'apareil & de solennité.
> (*à D. Pedre*) Il en eût en éfet soüillé la Majesté.
> (*au Roi*) Choîsissons mieux, Seigneur, & l'heure & la journée.
> Il s'agit d'un combat, & non d'un Himénée.
> Qu'auroient pensé de Nous vos Soldats & les miens?
> (*à Elvire*) Madame, avec ardeur jai tissu vos liens;
> Nous saurons les sèrrer, mais dans un tems plus calme.
> Le Mirte ne se doit cueillir qu'après la Palme.

Still, this device does risk drawing two issues to the attention of the audience: first, that it was ridiculous ever to have contemplated holding a wedding at such a time, and, secondly, that its postponement is vital for the plot; it also fails to mark an end to the tendency of Cortès in particular to be distracted from his military duty by affairs of the heart.

Nevertheless, the postponement of the wedding here marks the first stage in a resolution of the vicissitudes of the love plot which, as the action progresses, risks appearing to be too easily won. In one sense this aspect of the work takes on Voltaire directly, as it plays out the issue identified by Piron when he says in his preface that his plot avoids the sort of 'unions subites, monstruëuses, & malassorties' found in plays like *Alzire* and *Zaïre*. Whilst Don Pèdre requires only the assurance that Montézume, like Alzire, has converted to Christianity to embrace enthusiastically the idea of obtaining royal status for his daughter by marrying her to the Mexican king, the satisfactory resolution of the love plot as Piron sees it requires that Cortès and Elvire, the Spanish lovers, be united. This leaves him with a problem, for his historical subject dictates that the tragedy must end with the death of Montézume, and yet this is potentially an obvious and all too convenient way for the author to dispose of the unsuitable rival suitor. However, since the tragic impact of the play's dénouement depends on our being moved rather than relieved by the king's death, Piron needs to suggest that the appropriate outcome of the love plot does not depend on it, in such a way that he does not eliminate suspense completely. We see him preparing the ground in the first scene of the fourth act, a monologue for Montézume, in which, expressing his surprise and shock at the postponement of his marriage to Elvire, he also reflects on the fact that she is clearly not in love with him:

> Il m'eût sufi de plaire à la belle Etrangère.
> Et je lui fais horreur! Qu'importe que son Père
> En ma faveur exerce un pouvoir inhumain?

> Dès-qu'elle se refuse, il me l'acorde envain.
> Pour la prémière fois, je ressens, quand on aime,
> Qu'un vain titre d'Epoux n'est pas le bien suprême;
> Et que l'on n'est qu'à peine à demi possesseur,
> Si, maître de la main, on ne l'est pas du cœur.

However, if this might suggest that he could therefore be easily persuaded to give her up to the man she is in love with (whose identity he will not be aware of until the end of the play), the next line tells a different story: 'Le tems m'eût obtenu l'un & l'autre peut-être'. Hence, when in act IV, scene 6 Cortès predicts to Elvire that, once he is informed of the circumstances, Montézume will relinquish his right to her in his favour, we might be less easily convinced than he is. And yet, even he has his doubts, because he has a backup plan, the use of military force, although this is clearly not viable, for not only would it undermine the impression of Cortès's generosity that Piron is aiming to create, in terms of the plot, it is also incompatible with the fact that, even after Cortès has won him over in the fourth scene of the fifth act, Don Pèdre is adamant that honour dictates that he must not break his promise to Montézume in Cortès's favour. Cortès begins to respond that Montézume will be easily persuaded to relinquish his claim on Elvire:

> Non, non; le Prince est équitable.
> Je saurai, sans m'y prendre en Rival redoutable,
> Et n'oposant qu'honneur, que raison, qu'amitié....

But, as we see, he fails to finish, because he is interrupted by the arrival of the dying king. By movingly having the king give his blessing to the union of Elvire and Cortès, Piron increases the emotion of the death scene, ensuring that his passing does not seem to be simply a convenient way of uniting the lovers, but he also succeeds in avoiding a solution that is too easily won, for if, on the one hand, Montézume describes Cortès to Elvire as 'l'Epoux que je vous laisse', on the other hand, Piron permits him a final wry observation that prolongs the ambiguity, as he continues:

> Quelque homage de Moi que sa valeur obtienne,
> Ma main vous eût osé disputer à la sienne.

In the final analysis, we have been given enough indication of the king's generosity to allow us to be moved by his death, giving full force to Piron's double coup de théâtre at the dénouement, when, having been led to believe, in the first scene of the final act, that he has been killed by an arrow from the ceremonial bow fired by the man crowned by the priests as his successor,[42] we

---

[42] Whilst Aguilar in his narration does not actually say that Montézume has been killed, it is carefully worded in such a way that not only Don Pèdre, but the audience too will make that assumption. We are enlightened only some forty-five lines later when Aguilar corrects Don Pèdre's mistake.

are then told that he received only a slight flesh wound, only to have it revealed in the final scene, in an obvious piece of local colour, that the arrow was poisoned, making the wound fatal.

The Play: The Role of the Aztecs

That the king is killed by his own people certainly coincides with the version of history depicted by López de Gómara,[43] although the events reported by him are rather more banal than what we find in the play, since he recounts that the king was hit by a stone thrown by an unidentified member of the crowd and died three days later. Piron's version is clearly more dramatically effective, although with the double coup de théâtre he could be criticized for overdoing the attempt to increase the emotional impact. Nevertheless, whilst the fact that the Grand Prêtre dies alongside the assassin in the burst of retaliatory gunfire that responds to the arrow fired at Montézume certainly adds to the dramatic logic of the ending, it could perhaps be seen as a weakness of Piron's treatment of the historical subject that, although the play ends with the dying Montézume urging Cortès to govern his people like a father, during the course of the action, apart from a few *figurants*, Piron has reduced the entire Aztec population to two highly contrasted individuals, Montézume and the Grand Prêtre, who by the end of the play are both dead, meaning that the audience has no emotional investment in the future of the people Montézume leaves behind.

We have seen that, despite the fact that he gives his dying blessing to the union of Cortès and Elvire, there are signs that Montézume, in different circumstances, might have shown more resistance. Is it possible, though, that Piron has made his character too weak in other ways? It is true that the behaviour of the real Montezuma, who first of all sent out emissaries to try to dissuade the Spaniards from coming to his city, but then, on their arrival, accepted them peacefully, could be seen as a sign of weakness, but Piron's character is even more compliant. His conversion to Christianity and rejection of the Aztec religion with its predilection for human sacrifice, as well as being necessary for the love plot of the play, is clearly seen by Piron as a way of making him into a character sympathetic to his French audience, and Montézume's claim that, even before the arrival of the Spaniards, he felt the hollowness of his own religion, is clearly intended to suggest that the conversion is genuine and not simply politically expedient. And Piron makes the most of the theme of human sacrifice as a means of condemning the indigenous religion, whilst the subject of the bloodshed inflicted by the Spaniards both in the name of their own religion and in their conquest of Central America is raised only briefly by the Grand Prêtre and carefully disregarded by the other characters: it may perhaps be seen as a

---

[43] *Histoire generalle*, p. 114b.

symbolic moment in the first scene when the Grand Prêtre tries to raise this issue of the brutality of the Spanish invaders and Montézume silences him with comments about their superiority:

> LE GRAND PRETRE.
>
> Juste Ciel! Et quel nom donner à des Barbares
> Qui, du pouvoir magique armant leurs mains avares,
> Et répandant partout le ravage & l'éfroi,
> Eux seuls ont déjà plus versé de sang....
>
> MONTEZUME.
>
> Tais-toi.
> Voyons les d'un autre œil. Je pèse & considère
> Ce qu'ils disent du Ciel & de leur hémisphère.
> J'y découvre, j'y sens d'utiles vérités;
> Et nous serions heureux, s'ils étoient écoutés.
> Peux-tu les comparer à Nous tels que nous sommes,
> Sans reconoître en Eux de véritables Hommes
> Faits pour nous inspirer le respect & l'amour,
> Et dignes d'être nés à la source du jour?

And we should not forget that these sentiments are expressed by a king who has been placed in irons by these very men that he praises. That he should suffer this humiliation and yet continue to regard Cortès as a friend risks seeming implausible, and, at the conclusion, where he is made quite explicitly into a Christ figure, he goes even further, preaching the paternalistic aim of the colonial mission, and thus granting Cortès and the other Spaniards dominance over the entire Mexican people:

> Oui; j'imite en mourant votre Dieu que j'adore.
> Sacrifié par Eux, pour Eux je vous implore;
> Pour Eux je vous demande, en ce dernier moment,
> Une pitié bien duë à leur aveuglement.
> Vous m'avez fait conoître & plaindre leur misère.
> Vous futes mon Ami; daignez être leur Père.
> Ils peuvent être heureux, vous m'en êtes garand:
> Que ce flateur espoir me suive en expirant.

It is true that, when the Grand Prêtre effectively deposes Montézume by crowning another king, an event we are told about in act IV, scene 4, Montézume shows his strength of character by refusing to accept the situation; he is still the monarch, and he will still do his best to take care of his people, an enterprise in which Cortès supports him. But this bravery is futile; his attempts to pacify his people backfire, and are the cause of his death: in attempting to talk reason to his subjects he is killed by the very man crowned as his replacement. His willingness to support Cortès may well make him a positive character as far as the audience is concerned, but Piron is careful to show the psychological truth of how his people would be likely to respond to this behaviour, and, indeed, how, historically, they did respond to it, even though the actual Montezuma did not go as far as to betray his religion in the way that Piron's character does.

The Grand Prêtre, on the other hand, is apparently to be seen as a villain through and through: 'mon fripon de Grand Prêtre' Piron calls him in his introduction, and yet he does so in an interesting phrase, in which criticisms of Cortés are referred to as: 'Jalousie nationale qui se plaît à confondre *Pizare* & ses Pareils avec CORTÉS; ou bien, vaines déclamations suportables tout au plus dans la bouche du furieux Amant d'Alzire & de mon fripon de Grand Prêtre'. 'Suportables' why? Is it simply because they are the villains in their respective tragedies (although Zamore is arguably less of a villain than the European character Don Gusman), meaning that the remarks are dramatically justifiable in their mouths, or is it more complex? We have seen that Voltaire's character in *Alzire* certainly has good reason for his hatred of the Spanish after his treatment by Don Gusman; might the choice of the term, which suggests some justification on the part of the Grand Prêtre too, indicate that Piron intended the text of his play itself to be more ambiguous than the term 'fripon' in the introduction, written, we must not forget, some fourteen years later, might suggest? After all, although Montézume silences him in the passage from the first scene quoted above, Piron does actually allow him at least to allude to the considerable bloodshed perpetrated by the Spaniards, and with hindsight we may well find that some of his speeches remind us of both the themes and the means of expression of later anti-colonial diatribes in which the reader is clearly intended to sympathize with the voice of the victim of colonialism, such as the 'Adieux du vieillard' in Diderot's *Supplément au 'Voyage' de Bougainville* or the fifth of Évariste de Parny's *Chansons madécasses* beginning 'Méfiez-vous des blancs'.

Clearly a playwright in this period would have to moderate his criticism of colonialism if he were to get his work past the censor and into performance, and even Voltaire, who depicts negative aspects of colonialism clearly in *Alzire*, nevertheless ends with what is apparently a procolonial dénouement, stressing like Piron the paternalistic justification of the colonists. Piron is not explicitly critical of colonialism in the way that Voltaire is, and I have even suggested that he perhaps intended his play as a corrective to Voltaire's, but could it be that, despite the avowedly procolonial tone of his preface and the positive depiction of Cortés that dominates the rest of his play, there is in the play text an element of ambiguity; that Piron too is suggesting in the speeches of the Grand Prêtre that, even though he is the villain of the piece, he may have a point?

Procolonialism and Anticolonialism

Piron's and Voltaire's plays both make a clear contribution to the debate surrounding colonization, particularly in relation to South and Central America and the conquistadors. In using as a source text the *Histoire generalle des Indes*

Occidentales, Martin Fumée's translation of Francisco López de Gómara's *La Historia general de las Indias*, Piron was referring back to a work first partially published in its original Spanish in 1552. Its Spanish origins, and the fact that it first appeared so soon after Cortés's death in 1547 and was written by someone who knew him, means that we can hardly expect to find in it an impartial attitude to the Spanish mission to Central America, and one result of this is that it is quite open about the violence perpetrated on the native peoples without ever questioning the justification of the actions of the Spanish invaders. The assumption of Spanish superiority is clear, and in the procolonialist view this confers on its soldiers the right to behave as they do.

We will find a similar attitude being expressed in a much later text, the dialogue between Fernand Cortez and Montezume that Fontenelle includes in his *Nouveaux dialogues des morts* (1683). The subject of this dialogue is described as follows in the index to the volume: 'Quelle est la diférence des Peuples barbares, & des Peuples polis',[44] and it is clearly taken for granted that it is the Mexicans who are 'barbares' and the Spaniards who are 'polis'. Somewhat surprisingly, one of the differences between them claimed by Fontenelle's Cortez is that civilized nations respect justice, and so do not resort to warfare without a legitimate reason: 'La civilité regne parmy nous, la force & la violence n'y ont point de lieu; toutes les puissances y sont moderées par la justice, toutes les guerres y sont fondées sur des causes légitimes'.[45] So how do we explain the behaviour of the Spanish in Mexico? It belonged to them: 'Voyez à quel point nous sommes scrupuleux, nous n'allâmes porter la guerre dans vostre Païs, qu'apres que nous eûmes examiné fort rigoureusement s'il nous appartenoit, & décidé cette question pour nous'.[46] He, of course, offers no explanation to justify this decision, and, having greeted it with sarcasm, Montezume ends the dialogue by turning the situation on its head: 'Que n'avions-nous des Vaisseaux pour aller découvrir vos Terres, & que ne nous avisions-nous de décider qu'elles nous apartenoient! Nous eussions eu autant de droit de les conquérir, que vous en eustes de conquérir les nostres'.[47] Fontenelle has put into the mouth of his Spanish character the traditional view of the European colonialist, but the irony of his presentation and the replies of his Montezume make it clear that he is debunking it.

There will be no such irony in Piron's presentation of Cortés; he places himself firmly in the camp of those who idolize Cortés as a hero, although, unlike López de Gómara, he clearly recognizes that such a reputation could potentially be tarnished by the frankness shown by the Spanish writer over the

---

[44] Bernard Le Bovier de Fontenelle, *Nouveaux Dialogues des morts*, seconde partie (Paris: Blageart, 1683), p. xi.
[45] Ibid., pp. 280–81.
[46] Ibid., p. 281.
[47] Ibid., p. 288.

violence perpetrated by his countrymen, so he glosses over it, while stressing repeatedly the Aztecs' penchant for human sacrifice. For example, he fails to mention in his first scene, which otherwise has its roots in historical fact, that the reason Montezuma was put in irons was because the execution of a group of Mexicans who had killed Spaniards was being carried out. Was this perhaps because he had in mind comments by Montaigne in his essay *Des cannibales* (1580), where, writing about the cruelty of the Portuguese colonizers in what is now Brazil, he points out that the habits of the natives, who killed and ate those they captured in war, were, in fact, more humane than those of the Portuguese invaders? It is, he says, much less cruel to kill, roast, and eat a victim than it is to burn him alive: the Mexicans punished by Cortés were executed by being burnt at the stake.

There is also in Piron's play that same fundamental assumption that the Europeans are somehow superior to the indigenous population, and that they therefore deserve to be deferred to or given special treatment. We have seen that when in the first scene the Grand Prêtre does attempt to speak about the violence committed by the Spaniards, Montézume silences him and speaks about their superiority. Similarly, when Montézume warns Cortès that two Spaniards are to be sacrificed alongside a hundred of his Tlascalan allies, the killing of the two is seen even by him, a Mexican, as being much worse than the massacre of the hundred, for they are: 'des Gens de votre auguste Race'. This attitude is, of course, entirely consonant with the paternal view of colonialism recommended at the end of the play.

Seen from this point of view, Voltaire's play, despite its depiction of the possible evils of colonialism, begins to look more similar to Piron's. Certainly it does not paint as positive a picture of the colonial mission as Piron does in his work, the inclusion of Gusman the bad colonialist sees to that, but the fact that we also have a good colonialist; that alongside the unwilling native, we have those who, like Piron's Montézume, are willing to embrace the religion of the invaders and accept their rule; and the fact that the bad colonialist reforms at the end and persuades all the others to accept his recommendation of the same sort of paternalistic colonialism that Piron would later include in his work, means that it can be argued that the messages of the two plays are not hugely different. Yes, Voltaire draws attention to the abuses of colonialism in a way that Piron does not, but ultimately his play seems to be suggesting that, if everyone behaves as they should, it is potentially a good thing.

Whilst Piron's play clearly has a procolonial stance, it is in his preface, written for its publication in the *Œuvres* of 1758, that we find his most obvious criticism of anticolonialism. Is this simply because a preface is a more appropriate place for a political statement than a play, or might Piron have been influenced by two important texts had appeared in the interim? 1748 saw the publication of Montesquieu's *L'Esprit des lois*, a work which, whilst it at no point undertakes a systematic analysis of the role of the Spanish in South and Central America, makes a number of observations on the topic during its course, all of them critical of the Spanish. Montesquieu says of the Spanish monarchy: 'Pour garder l'Amérique, elle fit ce que le despotisme même ne fait pas ; elle en détruisit les habitants'.[48] He quotes López de Gómara in pointing out that the Spaniards' sense of superiority over the natives was based on the most superficial of reasons: what they ate, the fact that they smoked tobacco, and that they did not have Spanish-style beards.[49] He speaks of the stupidity of the fact that Atahualpa, king of the Aztecs, was condemned to death by Pizarro on the basis of Spanish law, not the laws of his own country.[50] He twice tackles the matter of religion:

> J'aimerois autant dire que la Religion donne à ceux qui la professent un Droit de réduire en servitude ceux qui ne la professent pas, pour travailler plus aisément à sa propagation.
> Ce fut cette manière de penser qui encouragea les destructeurs de l'Amérique dans leurs crimes.[51]

> Il y a beaucoup de loix locales dans les diverses Religions; & quand *Motésuma* s'obstinoit tant à dire que la Religion des Espagnols étoit bonne pour leur païs & celle du Mexique pour le sien, il ne disoit pas une absurdité.[52]

The promulgation of the Christian religion is, of course, presented as a positive aspect of the Spanish invasion of the Americas in both Piron's and Voltaire's plays. The second of these observations on religion also reminds us that the conversion of Piron's Montézume to Christianity is a fiction entirely of his own invention; Voltaire too includes in his work fictional American characters who have willingly embraced Christianity.

The other key text to appear in this period was the third volume of the *Encyclopédie*, which includes both the articles 'Colonie' and 'Conquête'. In the event, the first of these, by Véron de Forbonnais, is relatively uncontroversial. It is an entirely historical survey, expressing no philosophical or political viewpoint: even its echo of Montesquieu's comment that the indigenous populations of the Americas were expelled by the European invaders is presented as a simple fact with no apparent implication of moral judgment.[53] The other, by Louis de Jaucourt, however, does contain a critical moral judgement: 'Quel bien les Espagnols ne pouvoient-ils pas faire aux Mexicains,

---

[48] Charles Louis de Secondat, baron de Montesquieu, *De l'esprit des lois*, ed. by Victor Goldschmidt, 2 vols (Paris: Garnier Flammarion, 1979), I, 257.
[49] Ibid., I, pp. 387–88.
[50] Ibid., II, p. 261.
[51] Ibid., I, p. 388.
[52] Ibid., II, p. 198.
[53] *Encyclopédie, ou Dictionnaire raisonné des sciences, des arts et des métiers*, ed. by Jean Le Rond d'Alembert and Denis Diderot, 35 vols (Paris: Briasson, David, Le Breton, Durand, 1751–80), III (1753), 650.

& par leurs *conquêtes* destructeurs quels maux ne leur firent-ils pas?'[54] The fact that Jaucourt refers the reader to *L'Esprit des lois* in the following sentence makes it reasonably clear that this remark was inspired by Montesquieu's text.

I have suggested that Voltaire was one of the people Piron had in mind when, in his 1758 preface, he criticized anticolonialists, but it is very likely that he also had these texts in his sights, particularly Montesquieu's. It could be that these works hardened his procolonial stance in his preface, for I have suggested that there are aspects of the speeches of the Grand Prêtre that seem to be more ambiguous, foreshadowing later texts in which an indigenous character, with whom we are clearly intended to sympathize, criticizes aspects of the behaviour and culture of colonists that are new to him in naïve terms, but both of these were long in the future when Piron wrote his play: the most likely date for Diderot's composition of his *Supplément au 'Voyage' de Bougainville* is 1772, but it would not be published until 1796, and Évariste de Parny's *Chansons madécasses* appeared only in 1787. And, indeed, the text that would strike the most significant blow for the anticolonial viewpoint, the *Histoire des deux Indes*, published anonymously, but attributed to the Abbé Raynal and known to have had the collaboration of various other hands, including Diderot's, although it preceded the *Supplément* and the *Chansons madécasses*, was also a development in the ongoing debate that came too late to play any role in either Piron's play or his preface; it would not appear until 1770.

Conclusion

It could be argued that, in comparison with *Gustave-Wasa*, Piron does allow his love plot to dominate too much in *Fernand-Cortés*, but then that is a criticism from which even the more successful play is not immune. Perhaps too the final speech of the dying Montézume goes too far in its use of the Christian religion to justify a paternalistic form of colonialism, but we will find exactly the same thing at the end of Voltaire's successful *Alzire*. And if the coincidence of the arrival of Don Pèdre and Elvire on the shores of Central America is far-fetched, it is no more far-fetched than many a coincidence in other tragedies of the period, as the writers of parodies, Piron included, never tired of pointing out. On the other hand, with its swashbuckling plot, exotic setting, and some fine writing, it is an interesting play, which certainly did not deserve to be abandoned by its author as it effectively was in 1744 — I have already suggested that this may have been largely the result of its failure to rival Voltaire's work on a similar subject, and it is true that Piron seems to have had his faith in it restored by the time he wrote his preface for the 1758 edition. For modern readers there is certainly interest in the way that Piron takes on Voltaire, and it is a key text

---

[54] Ibid., p. 900.

when it comes to eighteenth-century attitudes to colonialism, but it also deserves to be read on its own terms. As Claude Perret suggests, even Piron's less successful works are of more interest than many a work by other authors.

Edition

Unlike Piron's other plays for the Théâtre Français collected in the Œuvres of 1758, *Fernand-Cortés* was, as we have seen, neither published at the time of its first (and only) run of performances nor revised, but, as with the other plays in that edition, Piron did provide it with a newly written preface for its appearance there. The play's inclusion in that collected edition was preceded by a separate edition in 1757. This was presumably linked to the preparation of the collected edition, and the text is virtually identical to that of 1758, although, in addition to a very small number of differences in substance, there are a significant number of differences in spelling and punctuation. Nevertheless, it lacks both the preface and the other paratext, the verse epistle to the King of Spain, and, for that reason, I have followed Pierre Dufay[55] in choosing the 1758 version as the source text for this edition.[56] I have observed both the spelling and the punctuation of that edition, correcting only obvious errors. To avoid overloading the list of variants from the 1757 edition, I have not listed instances involving only spelling or punctuation except where the 1757 text confirms the correction of an error in the 1758 text.

---

[55] *Œuvres complètes illustrées de Alexis Piron*, ed. by Pierre Dufay, 10 vols (Paris: F. Guillot, 1928–31).
[56] *Œuvres d'Aléxis Piron*, II, pp. 433–584.

Frontispiece by Jean Jacques Flipart to the edition of *Fernand-Cortés* in *Œuvres d'Aléxis Piron* (Paris: N. B. Duchesne, 1758), III

FERNAND-CORTES, *TRAGÉDIE*[1]

Mise au Théâtre pour la prémière fois le 6 Janvier 1744.

Arma virumque cano.[2]

---

[1] 1757 title page: 'FERNAND- | CORTÉS, | *TRAGEDIE.* | *Représentée pour la premiere fois par les* | *Comédiens François ordinaires du Roi* | *le 6 Janvier* 1744. | Par M. PIRON. | Le prix est 30 sols. | A PARIS, | Chez DUCHESNE, Libraire, ruë S. | Jacques, au-dessous de la Fontaine | S. Benoît, au Temple du Goût. | M. DCC. LVII. | *Avec Approbation & Privilege du Roi.*'.

[2] 'I sing of arms and a man' (Virgil, *Aeneid*, I. 1).

AU ROI

D'Espagne[*][3]

Monarque issu du sang de Charle & de Louis,[4]
Héritier de la gloire & de l'Aigle & des Lis,[5]
Dont l'Empire étendu sur les deux Amphitrites[6]
Est, ainsi que le Ciel, sans nuit & sans limites,[7]
Philipe, s'il est vrai que nos chants quelquefois
Ont mérité l'oreille & la faveur des Rois,
Permèts qu'au pied du Trône où le saint Himénée
Fait seoir à tes côtés la Vertu couronée,[8]
Du Coturne[9] François le doux amusement,
De tes nobles travaux te délâsse un moment.
Il est, à cet homage, aisé de reconoître
Le cœur d'un Citoyen des Lieux qui t'ont vû naître.[10]
Pour nos Rois & leur Sang notre zèle est fameux.

---

[*] PHILIPE V.

---

[3] The dedicatory epistle is published for the first time in the 1758 edition. Philip V (1683–1746), king of Spain from 1700 to 1724 and 1724 to 1746; he abdicated in favour of his son Louis I in January 1724, but returned to the throne when Louis died in September of that same year. Although this text first appeared in the *Œuvres* of 1758, the presence of the epistle, in conjunction with the fact that Philip V died in 1746 indicates that it was written at the time of the play's performances in 1744.

[4] Philip, who succeeded the childless Charles II of Spain, was the grandson of Louis XIV of France and Maria Theresa, half-sister of Charles. He was also a direct descendant of Charles I (1500–1558), first Habsburg monarch of Spain, who was also the Holy Roman Emperor Charles V. He was on the Spanish throne from 1516 to 1556, and so was king at the time of the Spanish conquest of the Aztec and Inca empires. It is Charles I that Piron has in mind here rather than Charles II, as the reference to him later in the epistle confirms.

[5] The fleur-de-lis is the symbol of the kings of France, and the eagle the symbol of the House of Habsburg, Charles II having been the last Habsburg monarch of Spain.

[6] In Greek mythology Amphitrite is the consort of Poseidon. Although she is often associated with the Mediterranean Sea, here the reference is to the Atlantic and Pacific Oceans.

[7] The idea that, because of the scale of Spanish conquests around the world, the Spanish Empire was the empire on which the sun never set, was a commonplace.

[8] His second wife Elizabeth Farnese (1692–1766).

[9] The cothurnus was the raised boot worn by tragic actors in the classical period; the term is used as a synonym of 'tragedy'.

[10] As his parentage suggests, he was born and brought up in France.

Tout pût-il prendre exemple & sur Nous & sur Eux !
Quelle paix règneroit ! Quelle douce harmonie !
L'Univers deviendroit une Famille unie
Où l'Amour aprochant le Foible du plus Fort,
Des Peuples & des Rois confondroit l'heureux sort.
Râre félicité, Délices enviées
Qu'à tant de Nations le Ciel a déniées,
Et de sa bienveillance inestimables dons,
Répandus seulement ou règnent les BOURBONS ![11]
 Combien de fois nos cœurs, depuis quarante années
Ont, pour voler vers Toi, franchi les Pirénées,
Comme, à la voix du sang, ton tendre cœur aussi
N'aura pas moins souvent revolé jusqu'ici ![12]
Ce grand cœur, je le sçais, est tout à l'Ibérie.
Père de tes Sujèts, leur Terre est ta Patrie ;
Ainsi que de LOUIS[13] le scèptre glorieux
Rend toute autre Puissance étrangère à nos yeux.
Mais LOUIS aux François ne faisant pas un crime
D'oser aimer en Toi le beau sang qui l'anime ;
Ta dignité non plus, ni tes Peuples jaloux
Ne t'en sauroient faire un d'un souvenir si doux.
L'exigeassent-ils[14] même ; & tentant l'impossible,
Au rigoureux éfort d'un oubli si pénible,
Voûlusses-tu plier ta constante vertu ;
Quel que fût ton courage, y réüssirois-tu ?
Verrois-tu tes drapeaux suivis de la victoire,
Sans qu'un si beau destin remît en ta mémoire
Cet Ayeul immortel, ce Héros, ce grand Roi
Dont l'astre & la Sagesse ont influé sur Toi ?[15]
Lui ressemblerois-tu, sans trouver quelques charmes
A songer que tu fus le digne objèt des larmes
Que ton auguste Père,[16] en ses derniers adieux,
Sur ton front couroné, répandit à nos yeux ?
Sans, de tes jeunes ans, te retracer l'histoire ?

---

[11] Philip was the first Bourbon king of Spain.
[12] A reference to Philip V's French upbringing.
[13] Louis XV of France (1710–1774).
[14] 1758: 'exigeassent-il même'.
[15] His grandfather, Louis XIV (1638–1715).
[16] The Grand Dauphin, Louis (1661–1711), who predeceased his father, and so never became king.

Sans t'écrier enfin du faîte de ta gloire :
FRANCE ! Ai-je mérité ton amour & mon rang ?
Reconois-tu PHILIPE ; & suis-je ton vrai Sang ?
Oui, Tu l'ês ; & jamais, de la faveur céleste,
Elle & son Roi n'ont eû gage plus manifeste,
Que le jour solennel où l'Himen[17] à leur gré,
Aux liens de ce Sang joignit son nœud sacré*.[18]
Aussi, quand à ce Dieu rendit-on plus d'homage ?
Quand vit-il plus jeter de fleurs sur son passage ?
Et quand, de plus d'encens son Temple a-t-il fumé ?
De l'Aurore au Couchant, l'air en fut parfumé ;
Et, des Bords arrosés de la Seine & de l'Ebre,[19]
L'odeur en exhala jusqu'à l'Antre funèbre
De Celle qui n'a ri qu'au moment malheureux
Où Pandore, sur Nous, pencha son Vâse afreux.[20]
Ce Monstre dont nos pleurs font l'espoir & la joie,
De soi-même, à la fois, le Vautour & la proie,[21]
L'ENVIE[22] intèressée à la dés-union,
Court, de son soufle impur, infecter Albion ;[23]
Alume, en secoüant ses serpens homicides,[24]
Le flambeau de la guerre au feu des Euménides ;[25]
Et, de sa voix terrible, anime en peu de mots,

* Mariage de l'Infant D. PHILIPE avec Madame LOUISE-ELISABETH de France.

---

[17] Despite the rather erratic use of initial capitals elsewhere, the words 'ce Dieu' two lines below confirm that the capital here indicates that this is Hymen, the Greek god of marriage, and not the common noun for 'marriage' derived from his name.
[18] This marriage took place on 25 October 1739 accompanied, as the text indicates, by extravagant celebrations.
[19] The Ebro is, after the Tagus, the second longest river of the Iberian Peninsula.
[20] Pandora, the first woman in Greek mythology, was given a jar or box that she was told not to open. When her curiosity got the better of her, all the evils of the world escaped, leaving behind only one creature, Hope.
[21] A reference to the fate of Prometheus, brother-in-law of Pandora, who stole fire from the gods and gave it to mankind. He was punished by being tied to a rock and having his liver, which regrew overnight, eaten each day by a vulture (or eagle).
[22] The goddess Envy traditionally lives in a gloomy cavern. Ovid describes how only suffering can make her smile and, just as she inspires envy in humans, she is herself tormented by her envy of their good fortune (see *Metamorphoses*, II. 775–82).
[23] The term refers to the island of Great Britain.
[24] Envy is often depicted with snakes in her hair.
[25] Eumenides, or Kindly Ones, is a euphemistic name for the Erinyes or Furies, in Greek mythology goddesses of vengeance. They too are often depicted with snakes in their hair.

Le superbe Insulaire[26] à traverser les flots.[27]
Armez, & paroîssez ; l'Amérique est soumise.
Le Tage va céder son or à la Tamise.[28]
Pour Vous, pour vos Neveux, CORTÈS *aura vécu.*
Anglois ! Venez, voyez, & vous aurez vaincu.[29]
Elle dit : on la suit ; & ce Fléau du Monde,
De sa torche fumante, empestant l'air & l'onde,
Au Mèxique, de loin, sur l'humide élément,
Anonce les horreurs d'un vaste embrâsement.
    La flote arrive ; on moüille ; & Cibèle[30] éfrayée
Dans le sang Espagnol se croit déjà noyée.
La Mort lève sa faux ; le Tartâre[31] est ouvert.
De ses feux éclatans le Rivage est couvert ;
Mais l'Enfer tonne envain : c'est le Ciel qui foudroie.[32]
De l'Espagne, à ce bruit, l'étendart se déploie ;
L'Anglois pâlit, recule, & tout fuit dispersé.
Le Lion[33] a rugi : la Peur a tout chassé.
Tel, imposant silence au tonèrre qui gronde,
D'un coup de son trident, Neptune[34] aplanit l'onde ;
Et réprimant des airs les Tirans vagabonds,[35]
D'un mot, les fait rentrer dans leurs antres profonds.
ROI Vainqueur, laîsse-moi, des Mèxiquains sauvages,
A ton char de triomphe atacher les Images ;
Vois les, tels qu'autrefois Charle se les soumit :
Et partage l'éclat du nom qu'il s'en promit.
Tu n'as pas moins que Lui, pour Toi, Mars & Minerve,[36]

---

[26] Britain again.
[27] On 23 October 1739 (and therefore two days before the wedding that Piron suggests inspired it) Britain declared war on Spain in the conflict that in English would later be called by Thomas Carlyle the War of Jenkins' Ear. What follows refers to this conflict, and particularly to the attacks on Cartagena de Indias in 1740 and 1741 under Vice Admiral Edward Vernon, which ended in a British withdrawal after they had suffered significant losses.
[28] The use of the two rivers to symbolize the two countries is the more effective because in classical literature the Tagus was celebrated for its gold-rich sands.
[29] An allusion to the phrase attributed to Julius Caesar: 'Veni, vidi, vici' ('I came, I saw, I conquered') (see Plutarch, *Life of Julius Caesar*, 50, and Suetonius, *Life of Julius Caesar*, 37).
[30] Cybele is evoked here as a symbol of Mother Earth.
[31] In Greek mythology Tartarus is the place in the underworld where the dead are judged and the wicked are punished.
[32] A reference to a lightning storm.
[33] A symbol of Britain.
[34] The Roman god of the sea.
[35] The gods of the winds.
[36] Not only is Mars the Roman god of war, Minerva, although known most familiarly as goddess of wisdom, is also goddess of war.

Ce que CHARLE conquit, PHILIPE le conserve ;
Rome qui mit le prix à toutes les vertus,
N'égala-t-elle pas Camile à Romulus ?[37]
Enfin, du grand CORTÈS célébrant la victoire,
Je chante le Guèrrier qui prépara ta gloire,
Qui, sous un autre Maître, a signalé son nom,
Mais que, dans Cartagène, a retrouvé *Vernon*.
Phénomène, au surplus, digne des yeux d'un Prince.
La valeur d'un Soldat change un Monde en Province.
De l'Histoire Espagnole admire un trait si beau ;
Et d'un Héros si râre aime à voir le tableau.
A l'aspect de celui du Vainqueur de l'Asie,
Le Prémier des Césars pleura de jalousie :[38]
De son noble dépit quel eût été l'exçès,
Si le Grand Alexandre eût égalé CORTÈS ?
Que le Grec, le Romain se compare à l'Ibère.
Celui-ci, presque seul, subjugue un hémisphère ;[39]
Et s'il a réüssi dans de si haûts projèts,
Quel doit être le Prince, où sont de tels Sujèts ?
Quel doit être le Sang de ce Prince invincible ?
Et que n'en pas atendre après le soin visible
Que le Ciel en a pris par les plus sages mains
Qui pouvoient de l'Espagne assurer les destins ?
Grand ROI, c'est désigner, c'est nommer l'Héroïne
Qui partage ton Thrône, & ta noble Origine,
Chaste Epouse, l'honeur du plus sacré des nœuds,
Reine dont le grand cœur & l'esprit lumineux
Sçavent de la fortune asservir les caprices,
Ta gloire, ton conseil, ta force, tes délices,
L'amour des Nations que soûmèt ton pouvoir,
Des deux Mondes enfin l'ornement & l'espoir.

   PHILIPPE, ELIZABETH, Couple uni, Couple auguste,
Puisse votre Génie & triomphant & juste
Régir long-tems encore un Peuple à qui nos yeux

---

[37] Whilst Romulus is the mythical founder of Rome, the victory over the Gauls in 390 BCE led by Marcus Furius Camillus earned him the title of the second Romulus.
[38] Plutarch tells us that Julius Caesar wept on reading about Alexander the Great (*Life of Julius Caesar*, 11), whilst according to Suetonius, he sighed with annoyance at seeing a statue of his predecessor (*Life of Julius Caesar*, 7), because, at an age when Alexander had conquered the world, he had achieved so little. Both place the incident in Spain.
[39] In this context the two hemispheres are not the northern and the southern, but the Old World and the New.

Doivent une moitié de la Terre & des Cieux !
Puissiez-vous, sans quiter vos dignités suprêmes,
Les partager long-tems avec d'autres Vous-mêmes ;
Et, de vos Petits-Fils par vos mains couronés,
Le Diadême an front, vous voir environés !
Que Farnèze & Bourbon[40] soient un cri d'alégresse !
Et que tous vos Sujèts se rapellent sans cesse,
Pleins des biens que sur Eux votre union répand,
La célèbre Isabelle, & l'heureux Ferdinand ![41]

---

[40] As we have noted, Philip V was of the House of Bourbon and his wife was of the House of Farnese.
[41] The marriage of Isabella I of Castile (1451–1504) and Ferdinand II of Aragon (1452–1516) formed the basis for the unification of Spain. They played a significant role in the discovery of the New World by sponsoring the first voyage of Christopher Columbus in 1492.

PREFACE.[1]

A remonter de nos jours jusqu'à la naissance des Tems, la découverte de l'Amérique est, je crois, l'événement le plus frapant & le plus mémorable de tous ceux dont l'histoire prophane ait embelli ses fastes. Oserois-je, en tâchant d'imiter l'élégant badinage de la *Pluralité des Mondes*,[2] oserois-je encore dire que cet événement se maintiendra dans la place qu'il ocupe, jusqu'à ce que l'usage des aîles aît renchéri sur l'art de la Navigation ; & qu'il nous aît procuré la visite des Habitans d'une autre Planète, ou l'honeur de les avoir prévenus ?

Que pouvoit-il arriver en éfet de plus digne de mémoire ici-bàs, & de plus intéressant pour la totalité du Globe, que la communication de ses deux Moitiés l'une à l'autre inconuës depuis leur création ? Quelle Époque pour toutes les deux, que le coup du Ciel qui découvrit à celle-ci les trésors de la Terre ; à l'autre, ceux de la Raison ! En quoi tout l'avantage, comme on voit, demeura du côté des Américains, puisqu'ils passèrent en un moment, des ténèbres de la barbarie au peu de notions & de clartés que nous avions si laborieusement acumulées depuis trente ou quarante siècles ; aulieu que nous ne gagnames à cette pénible découverte, que celle des bornes de l'esprit humain qui jusqu'alors avoit èrré si lourdement en fait de Géographie. Et cependant, qu'eumes-nous en dédomagement d'une si triste conoissance ? Ce que méprisoient ces Américains ; de l'Or ; &, qui pis est, ses suites contenuës ici dans les imprécations du Grand Prêtre, Act. 3. Sc. 4.

Mais si l'Époque fut humiliante pour les Lumières de nos Écoles, elle ne le fut pas moins pour ces anciens Foudres de guerre qui, depuis si long-tems, se disputoient la prééminence ; & qui, depuis *Cortès*, n'eûrent plus rien à se disputer. Ce n'est point une hiperbole. Toute prévention cessante, rendons homage à la vérité. La grandeur des périls surmontés, le nombre & la singularité des exploits, l'étenduë & la nouveaûté des conquêtes, n'est-ce pas là tout ce qui constituë, parmi nous, l'héroïsme belliqueux ? Et dès-lors, peut-on refuser à *Cortès*, parmis les Héros de son genre, le rang que la découverte de l'Amérique obtient parmi les événemens ?

Parcourons le Champ de Mars depuis *Sésostris* & *Cirus*, jusqu'à *Thamas-Koulican* ;[3] & comparons la conquête du Mèxique avec toutes celles qui l'ont

---

[1] The preface is published for the first time in the 1758 edition.
[2] Fontenelle, *Entretiens sur la pluralité des mondes* (1686). The work speculates that life may well exist on the moon and other planets.
[3] Sesostris: a semi-mythical Egyptian pharaoh who is said to have conquered Asia Minor and parts of Europe; Cyrus II of Persia created in the sixth century BCE the greatest empire the

précédée & suivie. Qu'ont-ils conquis ces Guèriers si vantés ? Quelques Régions méditèranées de notre Continent, & les Bords du Golphe de la vaste Mer que notre Espagnol a traversée. Observons de plus que ces autres Conquérans marchoient armés de l'autorité souveraine, & soûtenus des grandes ressources qui l'acompagnent. Le Sarrazin, le Goth, le Vandale étoient même suivis de Nations entières que la nécessité de l'émigration emprisonoit, pour ainsi dire, sous leurs étendars. Torrens impétueux dont les débordemens, après tout, pour sé répandre, n'avoient à renverser que des digues déjà mile & mile fois rompuës en pareil cas. Rien dans tout cela que de très-possible & que de répété. Voici de l'unique & du merveilleux. Un simple Armateur,[4] avec quelques Brigantins,[5] cinq ou six cens Hommes de pied, quinze chevaux & six piéces de canon, sans autres ressources par-delà, que son génie & que son épée, ose afronter un espace immense de mers inconuës, pour toucher ensuite à un Continent plus grand & plus peuplé que le nôtre nommé depuis par Nous assez plaisament, le *Vieux Monde* : comme s'il y avoit un droit d'aînesse entre les deux Hémisphères. Le nouvel Hercule, en abordant, passe sur le ventre à deux Armées[6] qui se présentent l'une après l'autre, & coup sur coup, pour l'arrêter ; la prémière de quatre-vingt dix mile, la seconde de cent-cinquante mile Sauvages aguèrris à leur manière. Ce Début jètte partout l'épouvante. *Cortès* plus sage qu'Annibal en sçait profiter.[7] Il avance avec sa poignée d'Hommes ; ne donne pas à des milions d'autres le tems de se reconoître ; presse, ataque & soumèt tout. En adroit Politique ensuite, il cimente ses sucçès par des traités, s'insinuë, gagne la confiance des prémiers Vaincus, s'en fait des Alliés, & parvient à poser enfin chez ces Peuples sans nombre, au nom d'un Prince qu'ils ignorent & dont même ils sont ignorés, une domination qui, depuis près de trois siècles, s'est acruë, & s'afermit de plus en plus. Un simple Cavalier ainsi, presque seul, & pour son Prince, fait plus que tous les Conquérans & les Souverains du Monde, à la tête de leurs Armées, n'avoient encore fait pour Eux-mêmes.

Je n'écrirois qu'en Poëte & qu'en Romancier, si je dissimulois que, pour opérer ces merveilles, il falut qu'une prémière merveille y contribuât. C'eût été peu de toute la valeur imaginable jointe au dernier rafinement de l'art & des ruses militaires ; c'eût été peu de nos Hommes à cheval pris pour des Centaures, du trenchant, de la pointe & de l'éclat de nos épées, quoique toutes choses aussi peu

---

world had ever seen — his name would be familiar to Piron's readers from Madeleine de Scudéry's novel, *Artamène; ou, Le Grand Cyrus*; Thamas-Koulican is one of a number of Europeanized spellings of Tahmasp Qoli Khan (1698–1747), who, under the title Nader Shah, was Shah of Persia from 1736 to 1747 — it is said that his military success was inspired by Alexander the Great, and that he called himself the second Alexander.

[4] In the sense of someone who commands a fleet armed for a voyage.

[5] Two-masted sailing ships.

[6] That is, he defeats them.

[7] Despite his initial successes, Hannibal was eventually defeated by the Romans in the second Punic War.

conuës sous ce nouveau Ciel, que nos barbes[8] & que nos boussoles ; tous ces avantages, dis-je, à les suposer encore soûtenus de la tête & du bras des TURENNES, des CONDÉS,[9] & de tant d'autres grands Capitaines dont la liste, en France, se grossit tous les jours, n'eûssent eû que peu d'éfèt, sans le secours d'une force bien supérieure à toutes celles-là. On sent assez que je veux parler de la grande & terrible découverte faite avant celle de l'Amérique : de la poudre à canon. Les armes à feu, sans contredit, jouënt ici le rôle essentiel & principal. Leur ateinte prompte, invisible & mortelle, le bruit, la lueur seule arêtoit, renversoit, dissipoit des Armées innombrables qui, pour la défensive & l'ofensive, ne conoîssoient que le bouclier de cuir, l'arc & la massuë. L'Européen, sa foudre à la main, étoit une espèce de Divinité dont la présence sufisoit pour glacer les plus fermes courages. En un mot, *Cortès*, en débarquant, avoit les terreurs paniques à sa disposition, à peu près comme en s'embarquant, le fabuleux Ulisse, au sortir d'Eolie, eut les vents à la sienne ;[10] ou pour mieux dire, passant de l'antique au moderne, & d'Homère à l'Arioste, *Cortès* avoit le Cor d'Astolphe.[11] C'étoit beaucoup, mais étoit-ce assez ? Un peu de justice, pesons les équivalens ; & nous verrons que ceci n'enlevant de l'exploit que le surnaturel & l'impossible, n'en laîsse pas moins à mon Héros tout l'éclat & toute l'unicité de sa gloire.

Quelle grandeur de courage ne falut-il pas pour entreprendre, quelle *longuanimité* pour pousser des navigations & des marches de si long cours à travers tant de tempêtes & de bonaces, de Villes & de Solitudes, de guèrres & d'alliances, toutes également périlleuses ? Quels talens supérieurs, pour se faire suivre si constament, non par des Gens pliés à la subordination ni soumis à quelque discipline, mais par autant de Compagnons que de Soldats, par des Volontaires fondés à se rebuter sans cesse comme à se mutiner sans crainte, & qui plus d'une fois en éfèt atentèrent à la vie de leur Conducteur ? Quelle intrépidité ne devoit pas avoir un Chef si mal obéi pour oser, à la faveur d'une expérience phisique, atendre & combatre de pied ferme des milions d'hommes en bataille rangée ? Quelle adresse & quelle vigilance, pour prolonger l'illusion jusqu'au terme de tout l'éfèt qu'on en désiroit ? Enfin quelle habileté, quelle

---

[8] The Central Americans were surprised by the luxuriant beards of the Spaniards, since, although beards were not entirely unknown among the indigenous peoples, it was a racial characteristic for the men not to grow much facial hair, and they were more likely to remove it than to cultivate it.
[9] Henri de La Tour d'Auvergne, Vicomte de Turenne (1611–1675) and Louis II de Bourbon-Condé (1621–1686), known as le Grand Condé, were two of the leading French generals of the seventeenth century. The two were on opposite sides during the Fronde, when Condé opposed the king and defected to Spain, but he was eventually pardoned.
[10] At the beginning of book x of Homer's *Odyssey*, when Odysseus (Ulysses in Latin) leaves the island of Aeolus, keeper of the winds, Aeolus gives him a leather bag containing the winds.
[11] In Ariosto's *Orlando furioso*, Astolfo possesses a magic horn so loud that it puts his enemies to flight.

sagesse, & quelle force de génie pour en tirer le parti qu'il en tira, qui fut d'introduire & d'établir en ce nouveau Monde, la domination, les loix, les mœurs & la Religion de Celui-ci ? Belle matière aux spéculations du Missionaire, du Guèrrier, du Philosophe & du Politique !

Il existe, parmi Nous, une petite Secte de faux-Moralistes qui, sans avoir peut-être été jamais bons Fils, bons Pères de famille, bons Amis, ni bons Patriotes, que dis-je, qui, sans avoir jamais senti peut être, ni seulement soupçoné ce que c'est que le Prochain, se donnent grâvement pour des Citoyens du Monde ; & qui s'arrogeant, à ce titre, le ton des SOCRATES & des MONTESQUIEUX, prènnent haûtement le Genre-humain sous leur protection. Parlez-leur de l'Amérique : *A quoi bon, s'écriront-ils, & de quel droit, avoir été chez Eux inquiéter ces bonnes Gens ? Le Ciel avoit mis dix-huit cens lieuës de mers entre Eux & Nous. C'étoit une Barrière sacrée qu'on auroit dû respecter jusqu'à la fin des Siècles. L'avoir osé franchir, ce fut insulter aux décrèts de la Providence. Ataquer, soumètre & civiliser ces Hommes quels qu'ils fûssent, c'étoit déraison, injustice, & tiranie !* Mais, Messieurs les zélés Cosmopolites, est-ce être bien bons amis du Genre-humain, que de vouloir exclûre de notre commerce des Peuples misérables à qui depuis cinq ou six mile ans manquoient morale, agriculture, Beaux-arts, métiers, vétemens, prémières teintures des loix humaines & divines, en un mot Tous biens spirituels & temporels ? Sont-ce bien même des Hommes que vous plaignez, en plaignant des Barbares, des espèces d'Animaux sauvages, des Monstres qui massacroient réligieusement & de sang froid leurs Semblables au pié des autels, en jètoient avec cérémonie le cœur palpitant au nez d'une Idole, en servoient les membres sur table & le sang au Bufèt, tapissoient les Temples de leurs peaux, & pour se recréer la vuë, de leurs ossemens éleveoient les Tours & décoroient les frontispices de ces Temples ? De bonne-foi cela se doit-il apeller des Hommes ? Vous nous le soutiendrez sans doute en beaux Raisoneurs prêts à nous suposer des vices qui dans le fonds, direz-vous, peuvent bien aller de pair avec de pareilles horreurs. Passons ; mais dans l'espérance que ces pauvres Gens pourroient ne pas contracter nos vices, ayez donc pour Eux une pitié plus raisonable. Vous voyez qu'Antropophages, impies & sanguinaires, en déshonorant l'humanité, ils n'en vivoient que plus à plaindre de toutes façons. Désirez charitablement qu'on les tire de la condition des Brutes ; qu'on les éclaîre des lumières de la raison & de la foi ; qu'on leur indique, qu'on leur procure, qu'on leur enseigne à perpétüer chez Eux les douceurs d'une vie telle que la vôtre. C'est ce qu'a fait *Cortès*. Le prémier, au hazard mile fois de la sienne, il leur tend une main victorieuse & bienfaisante pour les engager à venir partager ces douceurs avec Nous. Il y réüssit. De Victimes qu'ils étoient les uns des autres, il en fait des Frères ; d'imbéciles Esclâves d'une liberté honteuse & sans frein, des Sujèts sensés, paisibles & fidèles de son Prince & de Rome.[12] Enfin *Cortès* a

---

[12] Rome signifying the Roman Catholic Church.

pour lui la valeur, la prudence, l'humanité, la Fortune, & la Religion. A quels titres plus justes méritera-t-on jamais les honeurs de l'héroïsme ? Vous l'aurez quelque part oüi nommer Cruel, Avare, Exterminateur. Hiperbole & mauvaise foi. Jalousie nationale qui se plaît à confondre *Pizare*[13] & ses Pareils avec CORTÉS ; ou bien, vaines déclamations suportables tout au plus dans la bouche du furieux Amant d'*Alzire*[14] & de mon fripon de Grand Prêtre. Enfin c'est au Lecteur équitable à prendre *Cortès* pour tel que je le présente ici fidèlement, & qu'à son amour près, je le reçois de la main des plus grâves Historiens de sa Nation. Eh qui sçait si l'Amérique n'étoit pas une Terre de Chanaam,[15] destinée à devenir une Terre de promission ? Ne devrions-nous pas même regarder les conquêtes de ce grand Homme comme l'ouvrage de la Sagesse & de la Justice d'Enhaût ? Les regarder du même œil dont il les voyoit Lui-même, ainsi qu'il l'a témoigné par cette inscription si digne d'un Guèrrier chrétien,*[16] qu'il avoit fait mètre autour de ses armes & de ses tapisseries : *Judicium Domini aprehendit eos ; & fortitudo ejus corroboravit brachium meum* ?[17]

---

* François Lopès de Gomara. *Hist. des Indes*.

---

[13] Francisco Pizarro González (c. 1478-1541), the conquistador who led the conquest of the Incas. Famously, he had their emperor Atahualpa executed.

[14] Zamore, a Peruvian character in Voltaire's tragedy *Alzire*, set in Lima at the time of the conquistadors' conquest of Peru (see the introduction).

[15] The Land of Canaan in the Bible is the land promised to Abraham for the Israelites.

[16] Francisco López de Gómara, *La Historia general de las Indias*, was first published complete in 1554, although an edition apparently containing only the first part of the text appeared as early as 1552. Its first French translation, by Martin Fumée, identified in the earlier editions as Sieur de Marly le Chastel and in the fifth as Sieur de Genillé, was published in 1569. The augmented fifth edition of this translation, *Histoire generalle des Indes occidentales*, appeared in 1584 and was reprinted in 1605 and 1606; after 1606, the work would not be reprinted again until 1787. López de Gómara (c. 1511-c. 1564) is said to have met Cortés and other returning conquistadors but was not himself part of the expedition to Mexico. The original 1584 impression of Fumée's translation and the generally less reliable version of 1605 both have problems of legibility. The foliation is identical in both editions; I have followed the index of the text itself in using a and b to indicate, respectively, recto and verso; because the legibility problems with the 1605 text are more intermittent, it is from that version that I have quoted, but have corrected according to the reading of 1584 when the text seems faulty. Corrections are indicated by square brackets.

[17] 'The judgement of the Lord has overtaken them, and his might has strengthened my arm.' Matthew Restall suggests that this is taken from a Latin translation of *The Jewish War* of Titus Flavius Josephus. I am grateful to Ceri Davies for identifying the original Greek text, which is words spoken by Titus after the siege and capture of Jerusalem (70 CE). As Davies's translation indicates, the Latin is not an exact version of the original: 'σὺν θεῷ γ' ἐπολεμήσαμεν καὶ θεὸς ἦν ὁ τῶνδε τῶν ἐρυμάτων Ἰουδαίους καθελών' ('We have fought with God['s help], and it was God who brought down the Jews from these strongholds') (*Jewish War*, VI. 411). Restall comments: 'The reference reflected Cortés's own embrace of the exalted notion that his actions in Mexico were divinely guided, that his role was that of a universal

Le caractère élevé de CORTÉS, & le Méxique presque aussi-tôt conquis que découvert, sont donc le principal objèt de cette Tragédie dont la mort de *Montézume* est la catastrophe. Quel événement & quel Personage à mettre sur la Sçène ! Si pour l'honeur de la nôtre, je fus sincèrement fâché que *Molière* n'eût pas traité la *Métromanie*, je ne dus pas l'être moins de voir un dessein si riche exécuté par un aussi foible pinceau que le mien. Le Génie ami de la France qui, entre autres courones litéraires, lui destinoit la dramatique, devoit bien ofrir à la Muse du grand *Corneille*,[18] une matière si susceptible de sublime, & ne la pas remètre non plus que tant d'autres *matières prémières* des deux genres, à des tems de décadence. Ainsi j'apelle à regrèt, mais puis-je apeller autrement les jours d'un Parnasse énervé où partout, excepté dans les *courageuses* préfaces du *Glorieux* & du *Dissipateur*,[19] j'entends se plaindre & s'écrier sans cesse que tout est dit.[20] Telle est l'opinion générale. Sujèts, Episodes, Incidens, Sentimens, Caractères, le meilleur & le plus beau de tout cela, dit-on, est enlevé ; tout est fait, tout est épuisé ; l'Art est à sa fin. Pure illusion de l'Insufisance ou de la Paresse ; & source malheureuse de ces prétenduës Nouveautés qui, dans le Tragique sur tout, ne sont depuis si long-tems qu'une puérile répétition des mêmes choses & presque des mêmes paroles un peu diféramant combinées, & reproduites à la faveur d'un titre inoüi ou de quelques Personages factices. Consultons l'Orâcle de Gascogne : selon *Montaigne*, loin que tout soit dit, il s'en faut presque tout que tout ne le soit.[21] Et pour moi qui n'ai que trop osé me

---

crusader. It also reflected the Spanish tendency, commonplace in the early modern centuries, to compare Spain's imperial achievements to those of the ancient Greeks and Romans' (Restall, 'Moses, Caesar, Hero, Anti-hero', p. 35). The latter tendency is also apparent in Piron's text.

[18] That is Pierre Corneille (1606-1684), rather than his brother Thomas (1625-1709).

[19] *Le Glorieux* (1732) and *Le Dissipateur; ou, l'honnête friponne* (1753) are both five-act comedies by Philippe Néricault Destouches (1680-1754). In his prefaces the author speaks of his own originality in such a way that Voltaire was prompted to pen the following epigram about Le G*lorieux*:

> Néricault dans sa comédie,
> Croit qu'il a peint le glorieux;
> Pour moi je crois, quoi qu'il nous die,
> Que sa préface le peint mieux.

(Quoted in a letter to Jean Baptiste Nicolas Formont of [18 April 1732], *Œuvres complètes de Voltaire*, LXXXVI (1968), 177-78, D480)

Piron's use of italics for '*courageuses*' surely signals that the word is intended to be ironic.

[20] See La Bruyère, *Les Caractères; ou, les mœurs de ce siècle*: 'Tout est dit, et l'on vient trop tard depuis plus de sept mille ans qu'il y a des hommes, et qui pensent' ('Des ouvrages de l'esprit', 1; *Œuvres complètes*, ed. by Julien Benda, Bibliothèque de la Pléiade ([Paris]: Gallimard, 1951), p. 85).

[21] Perhaps a surprising remark, since Montaigne made very similar comments to La Bruyère's assertion that the ancients had already said all there was to be said, as for example: 'La

mêler de parler & d'écrire, j'ai senti mile fois, & j'éprouve tous les jours, que presque rien ne l'est encore en fait seulement de sentimens bons, tendres, généreux ou reconoissans. L'Art ayant en éfèt la nature pour ressource & pour objèt, il ne sauroit tarir qu'avec Elle qui ne tarit jamais. Ce n'est donc point l'Art, c'est l'Artiste qui manque. *Ars longa, Musa brevis*.[22] Que de trésors de moins en Europe, si, après la prémière foüille des mines du Pérou, on avoit pensé là, comme on pense aujourd hui sur notre Parnasse ![23] Heureusement pour les Afamés d'or & d'argent, la Cupidité n'est pas une Passion qui s'endorme ni qui se relâche. Elle fait encore & fera creuser, s'il se peut, jusqu'au centre de la Terre. Que la Poësie de même ne redouble-t-elle aussi de courage ? Et tandis que l'Avarice, sous le foüet de cette Cupidité, descend & s'enfonce au Tartare ; que, de son côté, le Génie poëtique piqué du plus noble des aiguillons, ne s'élance-t-il aux nües sur les aîles du pur amour de la gloire ? J'insiste fort sur ce pur amour dégagé de tout vil intérêt. C'est qu'on ne peut trop vous le répéter, mes chers & nouveaux Frères en Apollon.[24] Tenez bon contre le mauvais exemple. N'ayez

---

Philosophie [...] a tant de visages et de varieté, et a tant dict, que tous nos songes et resveries s'y trouvent. L'humaine phantasie ne peut rien concevoir en bien et en mal qui n'y soit. "*Nihil tam absurde dici potest quod non dicatur ab aliquo philosophorum.*" Et j'en laisse plus librement aller mes caprices en public; d'autant que, bien qu'ils soyent nez chez moy et sans patron, je sçay qu'ils trouveront leur relation à quelque humeur ancienne; et ne faudra quelqu'un de dire: "Voyla d'où il le print!"' (*Essais*, II, 12, 'Apologie de Raimond Sebond', *Essais*, ed. by Jean Plattard, III (1931), 151–403 (p. 315); the Latin quotation is from Cicero, *De divinatione*, II, 58 and means: 'No statement is so absurd that some philosopher would not say it.'). Montaigne writes elsewhere: 'Nous savons dire: "Cicero dit ainsi; voilà les mœurs de Platon; ce sont les mots mesmes d'Aristote." Mais nous, que disons-nous nous mesmes? que jugeons nous? que faisons nous? Autant en diroit bien un perroquet' (*Essais*, I, 25, 'Du pedantisme', *Essais*, I (1931), 186–202 (p. 191)). On the other hand, he does argue that this does not make him merely derivative, but that he still has something new to say for himself: 'Comme quelqu'un pourroit dire de moy que j'ay seulement faict icy un amas de fleurs estrangeres, n'y ayant fourny du mien que le filet à les lier. Certes j'ay donné à l'opinion publique que ces parements empruntez m'accompaignent. Mais je n'entends pas qu'ils me couvrent, et qu'ils me cachent: c'est le rebours de mon dessein, qui ne veux faire montre que du mien, et de ce qui est mien par nature; et si je m'en fusse creu, à tout hazard, j'eusse parlé tout fin seul' (*Essais*, III, 12, 'De la phisionomie', *Essais*, VI (1932), 138–78 (p. 166)). Perhaps Piron has in mind the phrase Montaigne included in his 'Apologie de Raimond Sebond' and adopted as his motto: 'Que sçay-je?' (see *Essais*, II, 12, 'Apologie de Raimond Sebond', p. 286), which suggests that there is still much to learn.

[22] 'Art is long, inspiration is short' perhaps? A playful variant of the familiar aphorism 'Ars longa, vita brevis' — 'Art is long, life is short'. The Latin saying is a version of the first two lines of the *Aphorismi* of Hippocrates: 'ὁ βίος βραχὺς, | ἡ δὲ τέχνη μακρὴ' ('Life is short, | And art long').

[23] Parnassus is one of the mountains associated with Apollo and the Muses, so this is another of Piron's denigrating allusions to the state of contemporary literature.

[24] That is, fellow writers; Apollo is evoked here in his role as leader of the Muses and god of poetry.

que la Renomée seule, mais la Renomée belle & durable en vûë. La Poësie ne doit pas être plus comerçante que la Noblesse. Optez donc nèt entre la gloire & le gain. Point de mélange. Ce ne fut jamais celui-là que nous recomanda l'*omne tulit punctum*.²⁵ Assurément, l'Auteur d'*Héraclius* & de *Cinna*²⁶ ne pensoit qu'à l'une ; & celui de LA PUCELLE que M. Despréaux nomme d'un ton chagrin *le mieux renté de tous nos beaux Esprits*,²⁷ pensoit un peu trop à l'autre.

Sans avoir pensé comme le Second, je serai peut-être demeuré aussi loin que Lui du Prémier. Car après tout, le plein désinteressement laîsse bien un libre essor aux talens, mais il n'ajoûte rien à leur étenduë. C'est pour m'aprendre une autre fois à ne pas tenter au delà de mes forces ; & certes le poids ici grossissant à chaque pas, eût bien dû me faire à chaque pas sentir que je les avois mal mesurées. Qu'on daigne jeter un coup d'œil sur la carière où je m'étois engagé, on s'apercevra bientôt de la disproportion que je reconois trop tard, & que me câchoient le piquant du neuf, & l'amour du travail.

---

²⁵ An abbreviation of a well known quotation from Horace. In full: 'Omne tulit punctum qui miscuit utile dulci' ('The man who mixes pleasure with usefulness gains everyone's approval') (*Ars poetica*, l. 343). Is it pure coincidence that this phrase is also quoted in the preface to Destouches's *Le Glorieux* to which Piron has just alluded?

²⁶ Pierre Corneille.

²⁷ Nicolas Boileau-Despréaux (1636–1711), now more usually known simply as Boileau, *Satires* IX. 218, although the original has 'les' rather than 'nos'. The reference is to Jean Chapelain (1595–1674), the poet whose epic poem *La Pucelle* (1656) Boileau ridiculed. Nevertheless, it seems very likely that Piron is also taking a sideswipe at Voltaire. Although a complete version of his *Pucelle*, begun in the 1730s, was not officially (and anonymously) published until 1762, and therefore after Piron's preface, the fact that Voltaire was the author of a scandalous poem about Joan of Arc was already an open secret even before incomplete pirated editions began to appear. An early edition published in Louvain in 1755 identifies the author as Monsieur de V***, and by 1756, some even have his name in full; others identify him more obliquely as the addressee of an epistle included in the publication. And from 1756, editions published in London include an epigram attributed to Piron (see the introduction to the text by Jeroom Vercruysse in *Œuvres complètes de Voltaire*, VII (1970), 24–59). Although it is not included by Rigoley de Juvigny in his edition of Piron's complete works, Pierre Dufay publishes this epigram as an authentic text by Piron:

> A l'œuvre on connoît l'ouvrier.
> En lisant la sale Pucelle,
> Amis, pourquoi vous récrier
> Sur l'esprit dont elle étincelle?
> C'est du Voltaire, ... & tout est beau;
> Tout plaît chez lui, jusqu'au blasphème,
> Lorsqu'on y trouve le tableau
> D'un auteur qui s'est peint lui-même.

(*Œuvres complètes illustrées*, ed. by Dufay, VIII (1930), 430)

Il ne s'agissoit pas moins d'abord, que de répandre d'un bout à l'autre dans la Pièce & de laîsser après elle une idée sufisante & claire de la plus râre des Conquêtes & du plus grand des Conquérans. Il faloit après mèttre en action plus qu'en récit, quantité de faits, de mœurs, & de caractères d'un genre tout nouveau ; parler presque une langue étrangère ; atacher de la vraisemblance à des vérités qui n'en ont point ; jeter un intérêt vif & quelque aménité dans tout ce *Barbaresque* ; faire enfin marcher avec grâce & dignité notre Melpomène[28] françoise par les chemins du monde les moins frayés & les plus raboteux pour Elle. Il faloit tout à la fois nârrer, agir, étoner, persuader, toucher & plaire. Quelle énorme entreprise pour moi, sans parler de l'espace étroit des trois unités, non plus que du labeur ingrat de notre épineuse versification, dans laquelle, qui pis est, les inutilités sonores & brillantes, nommées récemment *Beautés de détail*,[29] l'emportent aujourd'hui tout d'une voix sur la précision, la régularité, la justesse & la force ; sur le bel Ensemble ; sur ce qu'Horace apelle *Series juncturaque* ![30]

Voilà, dis-je, une terrible tâche ; & n'en voilà toutefois que la moitié. L'usage me prescrivoit l'autre. L'impitoyable Usage, ce Tiran devant qui tout raisonement tombe, a statüé qu'il y auroit de l'amour dans nos Tragédies sur peine d'être renvoyées au Colège. Est-ce bien ou mal statüé ? *Adhuc sub Judice lis est.*[31] Nos meilleures Plumes, après s'être fort éxercées sur le pour & le contre, ont laîssé beaucoup à dire encore là-dessus. Je me garderai bien d'oser entrer en lice. Ce sont jeux de Princes : à vous le dé, nos Maîtres. Je révère trop les Chêfs des deux Partis,[32] pour en oser prendre aucun. Je n'en prends donc point : car obéir n'est pas opiner, & j'obéis ; l'humble soumission, tant que l'Usage est en règne, étant le seul parti qui conviène à mes Pareils. Seulement, pour prix de la miène, je demanderois un peu d'indulgence, en faveur de ce qu'il m'en a dû coûter dans un cas où subir la loi, c'étoit la subir dans toute sa rigueur.

Coment en éfèt, sans surcharger un Plan si vaste & déja si reserré ; coment, sans dénaturer un sujèt sauvage & tout martial, y pouvoir introduire & faire agir à l'aîse une Passion de la molesse & pourtant de l'activité de Celle-ci ? Coment,

---

[28] Melpomene, the Muse of tragedy.
[29] The term appears in the *Dissertation sur la tragédie ancienne et moderne*, which serves as preface to Voltaire's *Sémiramis* (1748) and was first published in the first edition of the play in 1749 (see *Œuvres complètes de Voltaire*, XXXA (2003), 155).
[30] 'Order and connection' (Horace, *Ars poetica*, l. 242).
[31] 'The case is still before the court', or perhaps more idiomatically, 'The jury's still out' (Horace, *Ars poetica*, l. 78).
[32] Voltaire congratulated himself on having written in his first tragedy *Œdipe* a tragedy almost without love. Antoine Houdar de La Motte, on the other hand, who had enjoyed a huge success with his tragedy *Inès de Castro*, wrote in his third *Discours sur la tragédie* a defence of his treatment of conjugal love in that play. There was much squabbling between the two concerning theories of tragedy, and, although it did not tend to centre specifically on this topic of love in tragedy, as two of the most famous writers of tragedy in the first half of the century, they are certainly the authors Piron has in mind here.

sans détoner, fondre une couleur si tendre & si douce avec d'autres si dures & si fières ? Tout ce que j'y sçus, pour conserver quelque harmonie dans l'ordonance & dans le coloris du Tableau, ce fut, en construisant ma fable avec toute la précision dont j'étois capable, de faire que l'Amour, cet acçessoire embarassant, devint la bâze même du Sujèt principal. Il est en éfet le ressort primitif & continüel de l'Action. Pour en juger, on ne sera peut-être pas fâché de voir cette Fable où tout, hormis l'Amour, est purement historique.

FABLE DE L'AVANT-SCENE.

Cortès mal partagé des biens de la fortune, devient amoureux en Espagne, & parvient à se faire aimer d'*Elvire* Fille de *D. Pèdre* irréconciliable ennemi de la Maison des *Cortès*. L'inégalité des fortunes & la haine invétérée des deux Familles forment deux grands obstâcles au bonheur de cet amour. Le brave & passioné Castillan ne voit qu'un moyen de les surmonter. Détèrrer des trésors ; & les détèrrer par des voies si glorieuses pour Lui, & si avantageuses en même tems aux Espagnols, qu'en lui donnant des droits sur l'estime de *D. Pedre*, elles pûssent lui mériter encore la médiation du Monarque auprès de ce Père inflèxible. L'Amérique venoit d'être découverte. Il y porte ses vuës, y pâsse, y combat, y conquiert, y triomphe. *Omnia vincit amor*.[33] De prodiges en prodiges, Cortès ayant pénétré jusqu'au Mèxique, y fait son entrée dans la Capitale en Vainqueur pacifique & revétu du caractère sacré d'Ambassadeur de Charles V. Il y demande en cette qualité l'homage que tout l'Univers, dit-il, doit & rend à son Maître, l'obtient, & le reçoit solennellement. Mais ce n'étoit de la part de ces Barbares qu'une vaine déférence pour mener à maturité le complot d'un massacre général des Espagnols. Cortès ayant éventé l'orage, le conjure, ou du moins le suspend par un coup de vive force & d'éclat qui n'eut jamais d'exemple. Témérité, si l'on veut ; mais témérité nécessaire, & qui de plus fût heureuse. Il fait mourir publiquement, & dans toutes les formes de la Justice, les Chèfs de la conspiration. Tout de suite, à la tête des Siens bien armés, il passe de son Quartier au Palais du Roi, l'interroge au milieu de ses Gardes, le fait charger de fers, & l'emmène en cet état, jusqu'au logement des Espagnols, à travers un Peuple que la terreur sembloit avoir pétrifié.

FABLE DE LA PIECE.

Cortés est informé quelques jours après, que, sans le ménager, on se dispose au Temple à sacrifier deux Européens que la tempête avoit jetés sans armes sur ces Bords. Patriotisme, humanité, bravoûre, honeur, son propre intérêt, tout veut qu'une seconde fois, il ose encore au-de-là des bornes. Il se remèt donc sans balancer à la tête de ses Déterminés, vole aux autels, & le Pistolèt à la main,

---

[33] 'Love conquers all' (Virgil, *Eclogues* x. 69).

enlève les deux victimes de dessous le coûteau des Sacrificateurs. Ces deux victimes étoient *Elvire* & *D. Pedre*, Cortès ne les reconoît point d'abord par des circonstances ajustées très-naturellement au Théâtre. Le tissu des événemens qui d'Espagne conduisent ici deux Personages si nécessaires à ma Scène, se dévelope à l'ouverture du second Acte ; mais ce n'est qu'à la fin du troisième, que Cortès reconoît *Elvire*, au moment fatal où, par sa propre entremise & de l'aveu de *D. Pèdre*, *Montézume* est prêt à l'épouser. La dernière hostilité commise au Temple, quoique plus dangereuse encore pour Lui que la précédente, puisqu'elle intérèssoit au vif les Prêtres & leur sorte de Religion, n'a que des suites heureuses. Après bien des nouveaux obstâcles suscités d'un côté par la fureur des Prêtres, de l'autre par la parole donnée à *Montézume*, & par le dépit courageux de l'infortuné *D. Pèdre*, mais levés tous par la tendre magnanimité de son Libérateur, par sa vaillance & par la mort du Roi, ce nouvel exploit, dis-je, ocasione & détermine le triomphe de l'Amour & de l'Héroïsme. Le Méxique achève de se soûmètre, le cœur du vieil Espagnol de se rendre, & Cortès d'être heureux.

L'Amour ici me paroît d'autant plus artistement imaginé, que tout intrus qu'il y est, au lieu d'y nuire, il y préside ; & que c'est lui qui prépare, qui nouë & qui dénouë tout le reste. L'Héroïsme & Lui se donnent mutuellement la main d'un bout à l'autre de la Pièce. Il a même encore cet avantage, qu'il ne forme point de ces unions subites, monstruëuses, & mal-assorties que l'imagination peu réglée d'un Auteur fait naître quelquefois entre deux Cœurs & deux Persones éfroyablement étrangères l'une à l'autre par le climat & par la Religion. Ici la Simpathie source ordinaire de cette Passion, émane au moins du sein de la parfaite vrai-semblance. *Elvire* & *Cortès* transportés séparément & se retrouvant dans un nouveau Monde, sont nés sous le même Ciel, élevés dans les mêmes principes, & depuis long-tems épris l'un de l'autre. Ici le Théâtre, la Nature & la Morale se raprochent & se concilient. Rien n'est violenté. Aussi l'Héroïsme & l'Amour se trouvent-ils nécessairement couronés ensemble à la fin, légitimement couronés, & ce qui n'en est que mieux, couronés sans le secours de la machine usée, je veux dire du mélange politique & rebatu des droits de l'Héritière avec ceux du Conquérant d'un Thrône.[34] Ferai-je encore observer dans cet amour dont je m'aplaudis peut-être un peu trop, une circonstance qui devroit, ce me semble, le rendre agréable dumoins aux prémières Loges ? C'est qu'ainsi que le vraisemblable, comme on vient de le voir, a sa part au pouvoir de cet amour, le Beau-Sèxe de l'Europe a la sienne aussi aux lauriers des Victorieux, & que ses charmes ayant été le mobile de la valeur & le but de la conquête, participent à la gloire du Conquérant. Tant d'heureuses convenances

---

[34] Piron is mocking himself here, for an obvious example of this situation is his own *Gustave-Wasa*, in which Gustave takes the throne of Sweden after defeating the tyrant Christierne, and marries the daughter of the man who had been the Swedish regent.

n'étoient pas faciles à rassembler avec ordre & précision. J'en fais juge la Galerie, & le célèbre Auteur de Zaïre & d'Alzire[35] lui-même, tout le Prémier.

Mais aussi, de tant de dificultés à vaincre, il pouroit bien être arrivé, comme j'ai dit, que j'eûsse plié sous le fardeau ; & que, *Dédale* dans le Plan, je n'eûsse été qu'un *Icâre* dans l'éxécution.[36] Peut-être oui, peutêtre non. Je saurois mieux qu'en dire à mes Lecteurs, avant qu'ils prîssent la peine de l'être plus long-tems, si mes Auditeurs m'en avoient plus dit. Eclaîré par Ceux-ci, j'aurois même fait mieux pour Ceux-là ; car, eût-il fallu me refondre, j'aurois tâché de me redresser à l'impression comme je me suis éforcé de faire dans mes autres Pièces ; aulieu que voici la seule à laquelle je n'ai point retouché, & que je produis dans sa première forme par la bonne raison que le Public ayant oüi les autres, & dit son avis, j'eûs le moyen de recueillir ses leçons & d'en profiter, ce que je ne sçaurois faire pour un ouvrage qui, bien que mis au théâtre & joüé plusieurs fois, ne fut jamais entendu ni vû. Voici coment.

Il essuya dabord un furieux contre-tems. Ce fut d'être donné dans le cours des répétitions de *Mérope*.[37] La juste impatience publique ou particulière, dèsqu'il s'agit des nouvelles productions du célèbre Auteur de cette Pièce, est un torrent qu'il est très-dangereux pour ses Compétiteurs d'avoir derrière Eux. Il n'est digue tant forte soit-elle, qui bientôt ne rompe, & nous voilà submergés. *Gustave*[38] eût eû le sort de *Cortès*, s'il eût eû le malheur de précéder *Zaïre*. Il la laissa prudament passer devant, & s'en trouva bien.

Mais un désavantage moins équivoque & plus réel, qui du reste pouvoit fort bien être une suite assez naturelle de celui que je viens de dire, c'est que la prémière représentation fut le joüèt du tumulte extraordinaire d'une Assemblée trop nombreuse & mal à son aise. De ce tumulte se devoit ensuivre, & ne s'ensuivit que trop aussi le désordre de la mémoire & du jeu des Acteurs. De manière que l'Auditoire, en sortant, n'emporta que l'idée d'une grande Foule & de bien du bruit. Telle fut la prémière représentation qui par conséquent n'en fut point une. On va voir que toutes les autres en méritèrent encore moins le nom.

---

[35] Voltaire. The choice of plays is not accidental: Piron clearly thinks that both are potentially vulnerable to the criticisms above.

[36] In Greek legend Daedalus is the architect commissioned by King Minos to build the Labyrinth to house the Minotaur. In this he is entirely successful, but to protect the secret of the Labyrinth, Minos imprisons Daedalus and his son Icarus in a tower. They escape by means of wings constructed by Daedalus, with the feathers attached by wax. However, in the most familiar part of the tale, Icarus flies too close to the sun; the wax melts, and he falls to his death. For the most familiar retelling of the tale, see Ovid, *Metamorphoses*, VIII. 157-70, 183-235.

[37] By all accounts the first performance of Voltaire's *Mérope* on 20 February 1743 was a huge success; it had fifteen performances in its first year, the last in April. Piron refers to the rehearsal period for its equally successful revival in February 1744 (see *Œuvres complètes de Voltaire*, XVII (1991), 141-43). For more on this, see the introduction.

[38] This is the original title of Piron's most successful tragedy, *Gustave-Wasa*. The title was extended only when the text was revised for the *Œuvres* of 1758.

La toîle baîssée, les Comédiens ne s'imputant rien non plus qu'aux circonstances, s'en prirent uniquement à la Pièce. Ils la remirent sur leur Bureau, & croyant y voir des longueurs, conclurent à des *amputations sur le champ*. Voilà donc *Cortès* étendu sur le lit de* *l'Hôte inhumain*.[39] On vous le prend par les pieds & par la tête &, sans mon visa, d'un jour à l'autre, en une heure ou deux de relevée, on coupe à tort à travers, on taille, on tranche, on rogne ; Acteurs principaux & subalternes, c'est à qui, pour le soulagement de sa mémoire, fera main-bâsse sur son rôle. Par cette belle opération, dès la seconde fois pour jusqu'à la dernière, disparurent du Théâtre trois ou quatre cens vers qui ne pouvoient manquer d'être fort essentiels à l'intelligence d'un Poëme déjà si concis selon mon pouvoir, & si précis dans son tout, ses parties & ses détails. Que penser en éfèt de ces *coupures* faites à la hâte, & de pareille main, quand pour les faire sous œûvre & sans endomager l'édifice, l'Auteur eût au moins demandé autant de temps que tout l'ouvrage en a pû coûter ? Les ténèbres le couvrirent donc. Je devins Cahos.[40] Je n'avois pû me faire écouter la prémière fois ; toutes les autres, je fus ininteligible. J'ofre donc ici la lecture de cette Tragédie comme une seconde représentation dégagée des inconvéniens de la prémière ; ou, si l'on veut, comme une troisième purgée des corrections de la seconde.**[41]

Non que de tous ces préambules justificatifs j'atende en ma faveur un éfèt bien merveilleux ; car outre la force du préjugé long & fâcheux qu'une chûte au théâtre de quelque part qu'elle vienne, laîsse toujours après elle ; il est très-possible encore une fois que j'aie mal saisi ou mal rempli mon Sujèt. Mais j'ai peine à croire que je l'aie mal choisi, & qu'il soit indigne d'être mis sur la Scène. Le diamant brille toujours à mes yeux : & parce qu'il ne sort pas de mes mains à beaucoup près aussi bien taillé qu'il le mérite, & que je conçois qu'il peut l'être, le laîsserai-je enfoüi ? Je ne saurois m'y résoudre. Que j'ose donc au moins le

---

* Préf. de la *Métr.* page 256.
** Ces *coupures* peu mesurées sont mortelles à bien des pièces. Heureuses celles qui, par hazard, en échapent comme a fait la *Métromanie* ! J'y restituë, à l'impression, plus de deux cens vers que mal à propos on retranche au Théâtre ; les uns très-nécessaires, les autres fort à leur place. Des nécessaires, j'en réclamerois surtout trente ou quarente, *act.* 1. *Sc.* 3. dont la supression désordone la contexture du Poëme ; & comence, en glaçant le Poëte dès son entrée, par le décaractériser entiérement.

---

[39] The reference is to the 1758 edition of the *Œuvres*, where, in the preface to *La Métromanie* written for that edition, Piron describes as follows the experience of having to respond to the actors' criticisms of one's text: 'N'est-ce pas être logé chez cet Hôte inhumain qui faisant coucher les Passans dans son lit, les tirâilloit ou les tronquoit par la tête ou par les pieds, selon qu'ils étoient plus ou moins longs que ce maudit lit ; & qui ne cessoit d'acourcir ou d'étendre, que l'Homme & le lit ne fûssent de niveau?' (*Œuvres*, III, 56–57). The reference is to Procrustes, one of the bandits killed by the young Theseus, who treated his guests exactly as described.
[40] In other words, 'My play was reduced to complete confusion.'
[41] The scene in question, which is twenty-eight lines long, is that in which Cortès removes the manacles from Montézume, and, expressing his trust in him, sends him to take control of his people.

produire comme une ébauche qui pouroit, avec le tems parvenir à quelque chose de mieux. Peut-être se trouvera-t-il quelqu'un de ces Lapidaires élégans qui, pour n'avoir pas eû le bonheur de détèrrer une belle pièrre & de l'avoir façonée les prémiers, ne dédaignent pas la peine & l'honeur de la repolir & de la *brillanter* au goût du tems. Un troisième Artiste plus habile encore que le second peut le suivre, & renchérir. Ainsi, de degrés en degrés, cette Tragédie s'embellissant, il en resteroit au Théâtre un bon Ouvrage de plus. Mes Suçcesseurs se l'aproprieront ; & le prémier Mètteur en œûvre, tandis qu'ils triompheront, sera dans l'oubli. Je le sçais, & que je pourois prendre ici pour épigraphe,

Hos ego versiculos feci, feret alter honores,

sans que le *sic vos non vobis*[42] soit jamais pour moi ni de droit ni de saison. Mais loin de le prévoir avec chagrin, je m'en réjoüis d'avance & très-sincèrement. J'aurai contribué du moins enquelque chose au plaisir du Public. Ma maxime n'est-elle pas que tout sage Ecrivain doit avoir en vûë la Postérité ? Mes intérêts me doivent donc être peu chers au prix des siens. Eh, que lui fera, que fit jamais au Public le nom de l'Auteur d'un ouvrage qui lui plaît ? Guères d'avantage qu'à l'Auteur même qui, la plûpart du tems, n'est plus. Après tout, je n'essuîrai dans tout cela que le sort ordinaire des Inventeurs. Entre mile exemples, j'en trouve un bien formel sous ma main, & sur le lieu de ma scène. Ce fut CHRISTOPHE COLOMB qui découvrit l'Amérique : & c'est *Améric Vespuce* son Suçcesseur qui subtilement eut la gloire sans pareille de laîsser son nom à cette riche & quatrième partie du Monde.[43]

---

[42] More properly, 'Hos ego versiculos feci, tulit alter honores' ('I wrote these lines; another has taken the credit'). 'Sic vos non vobis' does not translate comfortably, but could be rendered as 'Thus you, but not for yourselves'. The undoubtedly apocryphal story surrounding these words is told with numerous variations, but in basic terms is as follows: when the poet Bathyllus claimed credit for a couplet displayed anonymously by Virgil, the latter wrote on a wall the line quoted in full above, followed by the phrase 'Sic vos non vobis' four times. Bathyllus's inability to complete the poem proved him a fraud, and the lines were completed by Virgil. The completed quatrain reads:

Sic vos non vobis fertis aratra boves;
Sic vos non vobis mellificatis apes;
Sic vos non vobis vellera fertis oves;
Sic vos non vobis nidificatis aves.

(Thus you oxen pull the plough, but not for yourselves;
Thus you bees make honey, but not for yourselves;
Thus you sheep grow a fleece, but not for yourselves;
Thus you birds build nests, but not for yourselves.)

[43] Christopher Columbus (*c.* 1451–1506), led four voyages to the New World from 1492 to 1503, although, after landing on various islands, it was not until the third in 1498 that he landed on the mainland, in modern-day Venezuela. Columbus had set out looking for a new

Je ne mèts donc pas, comme on a vû, ce mauvais succès si fort sur le compte d'autrui, qu'avec justice & franchise, je ne m'en atribuë une bonne partie à moi-même ; & dès-lors je serois bien peu raisonable, si loin de me lamenter sur une si petite disgrâce, au contraire je ne m'en félicitois pas ; puisqu'en m'avertissant de mon déclin, elle m'a fait prendre le sage & paisible parti de la retraite ; au lieu qu'un peu de bonheur, en m'encourageant mal-à-propos, n'eût servi qu'à prolonger l'égarement, & qu'à me faire tenter encor de vains & de pénibles éforts dont assurément je me pâsse très-bien, & le Public encore mieux, revenu sur-tout, comme je comence à m'apercevoir qu'il l'est, des Ouvrages de pur agrément. La Bagatelle en éfèt, si je ne me trompe, est un peu sur le côté. Les Esprits me semblent avoir passé du blanc au noir. D'hyer ou d'avant-hyer, pour jusqu'à je ne sais quand, le Goût sur l'aîle étenduë des Sciences utiles, nous abandone & tîre droit au solide. Du moins je vois qu'aux tables, dans les Cafés, aux promenades, aux toilètes, tout est déjà Phisicien, Négociant, Guèrrier & Ministre. On ne parle plus qu'Electricité, Finance, Agriculture, Comerce, Industrie, Population, Politique & Marine.[44] Quel rôle à travers de si grands objèts, veut-on que joüe bientôt la malheureuse Poësie, & sur tout la Françoise ? Ne toucherions-nous pas même au moment où les Bibliotèques vont se débarasser de son poids immense, & nous réduire tous au nombre de Quatre ? Ce seroient sans doute MOLIÈRE, CORNEILLE, RACINE & LA FONTAINE. *C'est assez d'Eux*, dira-t-on, *pour le besoin qu'on a de ces sortes d'Ecrivains* : Corneille *sera le Poëte des Hommes,* Racine *celui des Femmes,* La Fontaine *celui des Enfans, &* MOLIÈRE *celui de tout le Monde. Si le grand* Despréaux *n'en est pas, qu'il s'en prènne à son chef-d'œûvre.*[45] *Sa Poëtique est son titre d'exclusion. A quoi pourroit-elle servir qu'au progrès tout au plus d'un Art puérile*[46] *& superflu ?* Adieu mes Confrères ; adieu Lecteurs ; adieu Muses.

Vixi : & quem dederat cursum fortuna peregi.[47]

Voilà ma course terminée,
Et j'ai rempli ma destinée.[48]

---

trade route to Asia, and it is not clear that he knew he had discovered a new continent; it was Amerigo Vespucci (1454–1512), who made three voyages between 1499 and 1504 (reports of an earlier voyage beginning in 1497 are thought to be apocryphal), who took credit for that, and, as Piron points out, was said to have given his name to the new continent.

[44] Piron may well be thinking of the impact made by the publication of the *Encyclopédie*, with its concentration on science and practical skills. The first volume appeared in 1751, and by the time Piron's preface was published in 1758, the first seven of the twenty-eight volumes were in print.

[45] That is his *Art poétique*.

[46] This spelling with an 'e' in the masculine was not uncommon at this time.

[47] *Aeneid*, IV. 653; the valedictory nature of the line, which is clear in Piron's translation that follows it, is emphasized by the fact that it comes from Dido's suicide speech.

[48] 1758: full stop absent.

FERNAND-CORTÉS,

CONQUÉRANT DU MEXIQUE.

TRAGEDIE.[1]

Sublimis Homerus,
Tyrthæusque mares animos in martia bella
Versibus exacuit.

Hor. *de Arte Poët.*[2]

---

[1] There is no half-title in the 1757 edition.
[2] 'Exalted Homer and Tyrtaeus animated the masculine mind to warlike achievements with their verses' (Horace, *Ars poetica*, x. 401–03), although the original has 'insignis' ('famous') rather than 'sublimis'. Tyrtaeus was a Spartan poet who wrote militaristic poetry.

PERSONAGES.

CORTÈS, *Conquérant du Mèxique.*[3]
MONTÉZUME, *Roi de Mèxique.*[4]
LE GRAND-PRÊTRE *du Mèxique.*
D. PEDRE, *Gouverneur de la Jamaïque.*[5]
ELVIRE, *Fille de D. Pédre.*
AGUILAR, *Parent de D. Pédre.*[6]

---

[3] Hernán Cortés (1485–1547), leader of the conquistador expedition to modern-day Mexico in 1519.

[4] Montezuma II, or the Younger (*c.* 1466–1520) (numerous variant spellings include Moctezuma and Moteczoma), ruler of the city-state of Tenochtitlan (Tenuctilan or Tenuchtitlan in the source text) from 1502 to 1520.

[5] From 1514 to 1523, and therefore at the time of the events depicted in the play, the Governor of Jamaica was Francisco de Garay, although he was succeeded in 1523 by the more conveniently named Pedro de Mazuelo. The most significant Pedro involved in the events covered by the play was Cortés's second-in-command Pedro de Alvarado (*c.* 1485–1541), and his historical importance means that it is quite possible that he was the inspiration for the name of the character. Whilst his relationship to Cortés had nothing in common with Piron's depiction, like him he proved a problematic deputy, for different reasons. Piron's Don Pèdre is proposed by Aguilar as an alternative leader when Cortès's troops wish to withdraw instead of fight (see IV. 7), but Alvarado, left in charge during Cortés's absence, caused an uprising by leading a raid on the Aztec temple to take possession of its gold during a solemn celebration, massacring huge numbers of the participants. The situation was partly brought under control by the return of Cortés, but would lead to the death of Montezuma and soon afterwards the withdrawal of the Spaniards from the city (see *Histoire generalle des Indes occidentales*, pp. 113a–14b). This is the uprising depicted in the play, although there is no mention of the massacre, and not only does the action end before the defeat of the Spaniards, but Montézume's death speech in fact suggests that their occupation of the city will continue.

[6] The name seems most likely to derive from Jerónimo de Aguilar (1489–1531; Hierosme d'Aguillar in the *Histoire generalle*), Cortés's interpreter, a Franciscan friar who had survived shipwreck and other adventures and, by the time of Cortés's arrival, could speak the local languages. He became a constant companion of Cortés, and his story, which is told in the *Histoire generalle* (pp. 68a–68b), could very well have influenced Piron's account of the shipwreck and threatened sacrifice of Elvire and Don Pèdre; indeed, five of his companions actually were sacrificed, although by Maya, not Aztecs. Alonso de Aguilar (1479–*c.* 1571) is perhaps a less likely candidate, as he is not mentioned in the *Histoire generalle*, but he too was a member of Cortés's force. He later became a Dominican friar, adopting the name Francisco, and wrote an account of the expedition with the title *Relación breve de la conquista de la Nueva España*, although this cannot have been known to Piron, as the manuscript was not published until 1900. Apart from the name, neither figure has anything in common with the relative of Don Pèdre who features in the play.

Troupes d'Espagnols & d'Amériquains.

*La Scène est à Mèxico[7] dans un des Palais de Montézume,
ocupé par les Espagnols.*

---

[7] That is the city, not the modern-day country — Mexicque in the source text. The preference for this name rather than Tenochtitlan conforms to Spanish usage, although the explanation in the source text that this was actually the name of one of the two islands on which the city was built, the other being Tlatelolco (which it spells Tlatelulco) (see *Histoire generalle*, p. 97a) is not correct. In fact, Mexico was the collective name given to the two linked but separate island states of Tenochtitlan and Tlatelolco.

FERNAND CORTÉS,

TRAGEDIE.

ACTE PREMIER.
SCENE PREMIERE.

MONTEZUME *les fers aux mains,*[8] LE GRAND PRETRE.

MONTEZUME.

Ministre des faux Dieux que l'Amérique encense,
Témoin de mon oprobre & de leur impuissance,
De quelle paix encor, sur de pareils apuis,
Me viendrois-tu flater dans le trouble où je suis ?
Toi-même, laîssant là ces Dieux que je méprise,
Calme tes propres sens ; reviens de ta surprise ;
Au raport de tes yeux tâche d'ajoûter foi ;
Ils ne t'abusent point. Oui : c'est Moi, c'est ton Roi,
Le Roi des Mèxiquains, l'orgueilleux Montézume
Qu'à ces fers que tu vois sa tristesse acoutume ;
Et qui, d'un esclavage incroyable à jamais,
Fait cette épreuve horrible en son propre Palais.

LE GRAND PRETRE.

Quel spectacle en éfèt ! Quel exemple éfroiable
Du céleste couroux qu'alume un Roi coupable !
Du pouvoir de nos Dieux faut-il d'autres témoins ?
Malheureux Montézume, instruisez-vous du moins.

---

[8] López de Gómara makes it clear that, although Cortés gave as the reason for Montezuma's arrest the killing of Spaniards by a force led by his commander Qualpopoca, this was a pretext, the real reason being simply to exert authority over him. If for most of the time he was kept under very liberal house arrest, just before the execution of the perpetrators, who were burnt at the stake, Cortés did indeed have him shackled, but by the ankles, not the wrists; the shackles were removed and he was released after the execution. The reason for the change might simply have been the practical problems for the actor of wearing leg-irons, but it is also possible that they would have been thought too humiliating for a king in a tragedy. On this episode, see *Histoire generalle*, pp. 102a–04b.

Reconoîssez la main dont les coups vous étonent.
Vous méprisiez nos Dieux : nos Dieux vous abandonent ;[9]
Et joüèt d'un pouvoir dont vous osez douter,
Vous leur servez Vous-même à le faire éclater.

MONTEZUME.

Où seroit leur justice ? Eh pourquoi la vengeance
Auroit-elle éclaté longtems avant l'ofense ?
 De l'Astre dont le cours mesure ici les mois,[10]
La face entière à peine a resplendi six fois,
Depuis que du Soleil les Enfans[11] invincibles
Touchèrent, sous Cortès, nos Bords inacçessibles ;
Et maîtrisant la Mer & les Vents en couroux,
Sur des Châteaux flotans[12] voguèrent jusqu'à Nous.
Quel Autre, avant ce jour pour Nous si mémorable,
Fut plus que Moi fidèle au culte abominable

---

[9] In fact, Cortés did not seek to persuade the Mexicans to abandon their religion entirely, but to win them over to Christianity by adopting a compromise that allowed them to carry on following their own religion and Christianity at the same time, albeit abandoning human sacrifice, although it appears that, in reality, this agreement was not as easily obtained as in López de Gómara's account: 'Pendant la prison de Moteczuma[,] Cortés par vne belle, & longue harangue lui feit entendre, & aux principaux de sa court, & aux plus grãds prestres de ses tẽples, ce que ils deuoient tous croire du vrai Dieu tout puissant, createur du ciel & de la terre, & de tout ce qui est en iceux : & feit tãt par ces remõstrãces qu'ils promirẽt de ne tuer personne en leur sacrifices, & de mettre entre leurs idoles vn crucifix, & vne image de la vierge Marie: ce qui fut tost executé au grãd Tẽple' (ibid., p. 104a). Nevertheless, whilst Piron's character does not have doubts about abandoning his religion, the remarks of the Grand Prêtre are based on a passage in López de Gómara relating to the historical Montezuma: 'il estoit ainsi deuenu tout esperdu, sans aucun sentiment[,] & sans courag[e] quelconque, par ce que ses dieux l'auoi[en]t abandonné à raison qu'il auoit receu si gracieusement ces estrangers ennemis mortels de sa religion, & que s'il vouloit reprendre cœur, & complaire à ses Dieux, facilement il chasseroit dehors de son Roiaume ces estrangers' (ibid., p. 108b). On the relative difficulty of achieving the compromise outlined in the first quotation, which the Aztecs appear in reality to have agreed to only to stop the Spaniards destroying their idols, see Hugh Thomas, *The Conquest of Mexico* (London: Hutchinson, 1993), pp. 318–19, 326–30.

[10] That is, the moon. This use of such a circumlocution to say 'six months' is intended to depict the naïvely picturesque language and culture of a primitive people.

[11] In another naïve image, the Spaniards are described as children of the sun because they have come from the east.

[12] Piron is suggesting by the use of this naïve expression that the scale of the Spanish ships would have been unfamiliar to the Mexicans; Tenochtitlan being largely situated in the middle of a lake, they certainly knew about boats, indeed, Piron refers to them using the term 'barque' in I. 4 and v. 4. It is also the case that, in reality, the distance of the city of Mexico from the coast means that few, if any, of the Mexicans would have seen the Spaniards' ships.

Que, du sang des Captifs à l'autel égorgés,
Consacrent par tes mains d'aveugles préjugés ?
Toutefois, tu le sçais ; en fus-je plus tranquile ?
Ma Piété toujours fut un crime inutile.
C'en étoit fait déjà. Les sources de l'éfroi,
Du fond du noir Abîme avoient jailli sur Moi.
Déjà persécuté de visions funestes,
Je tombois sous le poids des vengeances célestes.
Au pié de tes autels, au sein des voluptés,
Un Spèctre, jour & nuit, debout à mes côtés,
D'un avenir afreux me présentant l'image,
Abatoit, comme encore il abat mon courage.
Le doigt d'un Invisible, au milieu de ma Cour,
Sur ce lambris superbe apuyé nuit & jour,
Ofroit à mes regards, me peignoit à l'idée,
De rivières de sang l'Amérique inondée,
Devant un Homme seul tous les Miens efrayés,
Nos Villes, mes Palais, tes Temples foudroyés,
Mon Peuple disparu. Voilà de quels auspices
Tes Dieux, depuis un an, payoient mes sacrifices :
Et faux ou vrai ton zèle ardent à m'égarer
Veut encore à ce prix me les faire adorer ?

      LE GRAND PRETRE.

Oui : croyez en ce zèle & pieux & sincère.
Nul espoir, qu'en tâchant de flèchir leur colère.
Nulle trève aux terreurs dont vous êtes ateint,
Qu'en ralumant l'encens que vous avez éteint.
Qu'osez-vous reprocher à ces Dieux tutelaires ?
Ils vous ouvroient les yeux. Leurs avis salutaires
Vous anonçant des maux aisés à prévenir,
De sa fatalité désarmoient l'avenir.
Que n'en profitiez-vous ? L'Ennemi qui domine
Exterminera tout, si l'on ne l'extermine.
Un Démon destructeur, & qu'a vomi l'Enfer,
L'amène exprès armé de la flame & du fer.
Vil rebut du Couchant ainsi que de l'Aurore,
Sur l'onde, au gré des vents, que n'èrre-t-il encore ?
Ou que, pour expirer sous le coûteau mortel,
N'a-t-il été traîné du Rivage à l'Aûtel ?
Vous avez mieux aimé, Roi foible & trop facile,
Entre[13] ces Murs sacrés l'honorer d'un azile.

---

[13] 1757: 'facile, | E tre ces'.

Et de quel air encor vint-il s'en emparer ?
C'est Lui qui l'açceptant sembloit vous honorer.
Mais que n'a pas depuis atenté son audace ?
C'est peu que du Mèxique il aît changé la face ;
C'est peu qu'il aît, au nom de je ne sçais quel Roi,[14]
Demandé votre homage, exigé votre foi ;
Et, de l'abaîssement de votre rang suprême,
Relevé la splendeur d'un autre diadême ;
Violant tous les droits des Hommes & des Dieux,
Il pille vos trésors, les disperse à vos yeux,
Ose porter sur Vous une main sacrilège ;
Et, par un charme enfin qui tient du sortilège,
Pour ne vous rien laîsser dont vous puissiez joüir,
Il vous restoit des Dieux : il vous les fait trahir.

MONTEZUME.

Non, je n'ai rien trahi, quand j'ai de l'Amérique
Abjuré pour jamais le culte chimérique.
De foles visions tu m'avois infecté ;
Et ton zèle entre nous n'est qu'un zèle afecté.
Conviens-en. J'en apelle à tes propres lumières ;
A ce qui brille en Toi de ces clartés prémières
Que refusa le Ciel à nos Amériquains ;
Tu fais craindre des Dieux que tu n'as jamais craints.
Ta bouche les anonce, & ton cœur les réprouve.
Tu les jugeas toujours tels que je les éprouve,
Muèts, sourds, impuissans, Simulâcres afreux,
Teints d'un sang mile fois plus respectable qu'Eux.
Mais leur fable servant de bâse à ta fortune,
Tu hais la vérité ; son flambeau t'importune ;
L'Intérêt & l'Orgueil sont les Dieux que tu sers ;
Et tu sacrifierois pour Eux tout l'Univers.
Pour Moi je me conduis par un plus beau principe.
Je ne peux fuir le jour, quand l'ombre se dissipe.
Je n'examine plus ce qu'il peut m'en coûter.
L'erreur est le seul mal que j'aye à redouter.
J'aime, je plains mon Peuple ; & ma plus chère envie
Seroit, dûssé-je y perdre & le Trône & la vie,
Qu'il sentît comme Moi les horribles abus
Dont ta Secte odieuse aime à nous voir imbus.

---

[14] Charles I of Spain, Holy Roman emperor Charles V. Whilst Piron may well have intended the Grand Prêtre's expression of ignorance to be genuine, it is also clearly meant to be disparaging.

Cours à tes Zélateurs étaler mes foiblesses :
Peins-leur avec mépris l'état où tu me laîsses :
Etone-les du joug où je suis ataché :
Dis-leur bien plus : dis-leur que j'en suis peu touché.
Non que je ne pensasse en vrai Roi ; mais pour l'être,
D'un vaste Continent sufit-il d'être Maître ?
Il faut encore avoir des Hommes pour Sujèts.
A ce compte, le suis-je, & l'ai-je été jamais ?
Ah si, comme il est vrai, les Mortels sont l'image
De la Divinité qui reçoit leur homage ;
A des Monstres de sang votre homage adressé
Ne dit que trop le nom de mon Peuple insensé !

LE GRAND PRETRE.

Juste Ciel ! Et quel nom donner à des Barbares
Qui, du pouvoir magique armant leurs mains avares,[15]
Et répandant partout le ravage & l'éfroi,
Eux seuls ont déjà plus versé de sang....

MONTEZUME.

                        Tais-toi.
Voyons les d'un autre œil. Je pèse & considère
Ce qu'ils disent du Ciel & de leur hémisphère.
J'y découvre, j'y sens d'utiles vérités ;
Et nous serions heureux, s'ils étoient écoutés.
Peux-tu les comparer à Nous tels que nous sommes,
Sans reconoître en Eux de véritables Hommes
Faits pour nous inspirer le respect & l'amour,
Et dignes d'être nés à la source du jour ?
Si leurs Coursiers fougueux, leur fer & leur tonèrre
En font dans le combat les Démons de la guèrre ;
Leurs Sciences, leurs Arts, & leurs loix désormais
Vous feroient voir en Eux des Dieux pendant la paix.
Tlascala[16] dont le Prince est un exemple au Vôtre,
S'est ressenti de l'une, & refleûrit sous l'autre.
Mieux conseillé que Vous, le fier Sicotenfal[17]
S'en est fait un apui qui vous sera fatal.
C'est à nos Ennemis laîsser trop d'avantage,

---

[15] The reference to magic evokes the firearms carried by the Spaniards.
[16] Tlaxcala: both a province and its principal town, known in the *Histoire generalle* as Tlaxcallan.
[17] Xicotencatl II (Xicoteucatl in the *Histoire generalle*), leader of the Tlaxcalans, who formed an alliance with the Spaniards.

Que de ne pas entrer avec Eux en partage
D'un bien inestimable, & que ne paîroit pas
Tout l'or que je possède, & qui naît sous nos pas.

LE GRAND PRETRE.

Ainsi lâsse du scèptre, & jurant notre perte,
D'elle même, à ces fers, votre main s'est oferte ?

MONTEZUME.

J'ai vû fondre sur Moi cent Guèrriers plus qu'Humains,
Dont le moindre est l'éfroi de mile Américains.
Leur Général, aux yeux de ma Garde interdite,
Se venoit plaindre à Moi d'un complot qu'on médite,
Me demandoit raison de qui l'osoit trahir,
Et, la foudre à la main,[18] se faisoit obéir.
J'ai cédé. Qui de Vous m'a creusé cet abîme ?
Tu dis que l'infortune est un éfèt du crime :
Celuici n'étant pas dans le nombre des miens,
Serois-je par hazard la victime des tiens ?

LE GRAND PRETRE.

Le salut de l'Etat, lorsque son Roi sucombe,
Pour apaiser nos Dieux, demande une Hécatombe.
De cent Tlascaliens ceints du bandeau mortel,
Demain, le sang va donc aroser leur autel.
Un sang plus râre encor rougira leurs images.
La peur a, parmi Nous, glacé bien des courages ;
Mais son vol inconstant peut se tourner ailleurs ;
Et vos Maîtres bientôt reconoîtront les Leurs.

SCENE II.

MONTEZUME.

Vas, retourne à ton Temple ! Égorge, tuë, immole ;
Baigne-toi dans le sang ; soüilles-en ton Idole ;
Et digne Ordonateur d'exécrables festins,
Hâte par tes forfaits nos malheureux destins !
 Incertain, agité, plongé dans la tristesse,
Sans cesse y résistant, y retombant sans cesse,
Le désir de la mort est le seul sentiment
Qui demeure à mon ame ataché constament.

---

[18] Another reference to the Spaniards' firearms.

SCENE III.

CORTÉS, MONTEZUME, AGUILAR. Soldats Espagnols.

MONTEZUME continuë.

C'est me trop épargner inocent ou coupable,
Cortès ! Lève sur moi ton fer impitoyable !
Je déteste les jours que tu m'as conservés :
Frape !

CORTÈS lui ôtant ses fers.

    Roi de Mèxique, espérez mieux ; vivez :
Soyez libre ; règnez ; je le veux, & j'ordone
Qu'à ce titre on réspecte ici votre Persone.
Je devois un exemple à la témérité
Fertile en atentats sous votre autorité.
Vous n'avez part à rien ; j'aime & veux vous en croire ;
Mètez à le prouver vos soins & votre gloire.
En arivant ici, j'ai des droits les plus saints
Confié le dépôt en vos royales mains ;
Qu'elles en prènent mieux désormais la défense ;
Et quand on nous ataque, aprenez qu'on ofense
La majesté d'un Roi souverain de ces Mers,
Et dont le bras s'étend au bout de l'Univers.
N'alumez pas la foudre en ses mains pacifiques ;
Alez en informer vos Prêtres, vos Caciques.[19]
En tumulte ici près ils désirent vous voir ;
Alez, & les rangez Vous-même à leur devoir.
Qu'ils ne se flatent pas non plus que ma justice
Laîsse achever demain l'horrible sacrifice
Dont j'aprens que déjà l'apareil est dressé ;
Surtout si Tlascala s'y trouve intéressé.
Songez-y. Paroîssez ; parlez-leur en Monarque ;
Reprenez en le ton, le pouvoir, & la marque.
Et* Vous, qu'on l'acompagne ; & que votre fierté
Réprime ici l'audace & la férocité.

---

* à sa Suite.

---

[19] A term used by the Spanish for tribal leaders in Central and South America.

SCENE IV.
CORTÉS, AGUILAR.[20]
CORTÈS.

Hé bien, brave Aguilar, ai-je écarté les Traîtres ?
Oseront-ils encore agir au gré des Prêtres,
Après avoir soufert l'enlévement du Roi ?

AGUILAR.

La fureur se ralume & sucçède à l'éfroi.
Le zélé Mèxiquain déjà Chrétien dans l'ame,
Qui de tous leurs complots nous découvre la trâme,
Dit que les Mécontens se rassemblent sans bruit.
Leur rage n'atend plus que l'ombre de la nuit.
Dans les bras du someil ils comptent nous surprendre ;
Et ce Palais & Nous, réduire tout en cendre.
Tous en ont fait serment. Demain, à son lever,
Le Soleil sous leur Ciel ne doit plus nous trouver.

CORTÈS.

Ceux qu'a vûs Tabasco[21] dans sa plaine sanglante,
A cent mile Guèrriers inspirer l'épouvante,
Contre un Peuple en désordre, & par des coups plus sûrs,
Sauront bien se défendre à l'abri de ces Murs.

AGUILAR.

Nous n'avions là, Seigneur, nul espoir de retraite.
Nous vainquîmes, croyant venger notre défaite ;
Mais ce jour mit un terme à nos calamités ;
Et nous n'en sommes plus à ces extrémités.
Le Lac où vous avez cent barques toutes prêtes,
Lavant le pié des murs du Palais où vous êtes,[22]
Vous peut faire aisément regagner Tézeuco.[23]
Ses Ports nous sont ouverts. D'ailleurs à Tabasco,
Vous le sçavez, Seigneur, l'ardeur étoit nouvelle,

---

[20] Both 1757 and 1758 editions have a comma here instead of a full stop.
[21] The territory of Tabasco (Tauasco in the *Histoire generalle*) was conquered by Cortés in 1519 at the Battle of Centla.
[22] The city of Tenochtitlan was situated on Lake Texcoco; if Piron calls it only 'le Lac', this is presumably because the *Histoire generalle* never names it.
[23] The city of Texcoco (Tezcuco in the *Histoire generalle*) on the eastern bank of Lake Texcoco was conquered and used by Cortés as a base for his conquest of Tenochtitlan.

Et d'un prémier butin l'espérance étoit belle ;
Mais le Soldat courbé sous le poids des trésors,
Craint de perdre aujourd'hui ce qu'il cherchoit alors.

CORTÈS.

Quand le Soldat sous Moi marchoit à la victoire,
S'il cherchoit des trésors, Moi je cherchois la gloire ;
Et m'en étant couvert, je crains ainsi que Lui,
Ce que j'acquis alors, de le perdre aujourd'hui.
Sur ce Soldat enfin j'ai d'autant plus d'empire,
Qu'il partage avec Moi cette gloire où j'aspire ;
Et que jusqu'à présent, la peine & le danger
Sont tout ce qu'avec Lui l'on m'a vû partager.

AGUILAR.

A vouloir trop voler de victoire en victoire,
Plus d'un Ambitieux diminua sa gloire.
La Fortune en ces lieux vous a fait un acueil
Qui, du grand Aléxandre eût assouvi l'orgueil.
De l'Hidaspe & du Gange ayant traversé l'onde,
Sa valeur à l'étroit désira plus d'un Monde.
Les vœux qu'il fit pour Lui, pour vous sont exauçés.
L'Océan l'arrêtoit, & vous le franchissez.[24]
Qu'oposez-vous encore à des milions d'Hommes ?
Mesurez votre gloire à ce peu que nous sommes.

---

[24] The Battle of Hydaspes (the Greek name for the river Jhelum) was a major victory for Alexander the Great in his intended conquest of India, but then his men persuaded him to turn back at the Hyphasis (the modern river Beas) before fulfilling his ambition of crossing the Ganges, a crucial step in his aim to conquer the entire known world. Hence the claim here that it was the ocean that stopped him is not accurate. Piron's use here of the tradition that Alexander wished for more worlds to conquer is inspired by López de Gómara's interpretation in the *Histoire generalle* of the passage in Plutarch which tells us that, as a young man, he wept on hearing Anaxarchus speak about an infinite number of worlds because he had not yet conquered a single one (*Moralia*, VI, *On Tranquillity of Mind*, 4): 'Seleuce Philosophe (comme escrit Plutarque) ne s'est contenté de dire qu'il y auoit infinis mondes: mais encor disoit que chasque monde estoit infini, comme qui diroit que ce ne peut auoir commencement où il prend sa fin. Ie croy que le grand Alexandre print de là enuie de conquerir, & assubiectir tout l'vniuers, puisque, comme escrit Plutarque, il se print à pleurer, quand vn iour il ouït ceste question estre debatue par Anaxarque, lequel demandant la cause de tels pleurs iettez sans propos, Alexandre respõdit qu'il pleuroit non sans iuste & grande raison, n'ayant sceu encore subiuguer vn monde de tant qu'il y en auoit, ainsi que disoit Anaxarque. [|] Ceste responce demonstre bien que quand il cõmença sa conqueste de ce monde, il imaginoit plusieurs mondes, & pretendoit de comander à tous, mais la mort luy couppa chemin auant qu'il peust subiuguer la moitié de cestuy' (*Histoire generalle*, p. 1b).

Quatre ou cinq cens tant Chefs Soldats que Matelots,
Qui, transformés sous Vous en autant de Héros,
Ont si bien secondé votre main triomphante,
Qu'on nous prend pour des Dieux que le Soleil enfante ;
Et que de Tlascala le Roi presque à genoux
S'est crû trop honoré de traiter avec Vous.
Sur tous ses Devanciers, César a l'avantage.
Le Tibre disparoît sous les lauriers du Tage.[25]
L'Aigle a, du Globe entier, fini presque le tour ;
Et l'Espagne est par tout où luit l'Astre du jour.[26]
Qu'espériez-vous de plus ? D'ailleurs, que sert de feindre ?
Ce Peuple nous a craints plus qu'il n'a dû nous craindre :
Mais il craint de ses Dieux encor plus le couroux.
Des deux illusions la moins forte est pour Nous.
Ne le bravons donc pas. Risquons moins ; & que Charle[27]
En Maître désormais se présente & lui parle.
Nous, de tant d'heureux jours ménageons mieux le fruit,
Et ne les rendons pas le joüèt d'une Nuit.
    Dans votre cœur enfin, s'il est fidèle & tendre,
La Fille de Dom Pèdre eût dû se faire entendre.
Elvire vous rapelle, & reste à conquérir.
Que dis-je ? Elle est à Vous ; & vous voulez périr ?

CORTÈS.

Elvire !

AGUILAR.

Hé quoi, l'aurois-je envain nommée ?

CORTÈS.

Elvire !

AGUILAR.

N'est-elle plus le prix où votre cœur aspire ?

---

[25] The Tiber represents Rome and the Tagus Spain (although, of course, the Tagus also flows through Portugal). See also the dedicatory poem 'Au roi d'Espagne' for the use of rivers to represent countries. The comparison implies that, if the empire of Julius Caesar surpassed all those that came before him, the Spanish Empire was now greater still.

[26] The Habsburgs' symbol of the eagle had also been a symbol of the Roman Empire. See also the dedicatory poem for the idea that the Spanish Empire was the empire on which the sun never set.

[27] Charles I of Spain (Holy Roman Emperor Charles V) again.

CORTÈS.

Ne songeons qu'à la guèrre ; elle est notre métier,
Aguilar ; laîssez-moi m'y livrer tout entier !

AGUILAR.

Ainsi donc, en partant, vous m'auriez fait l'injure
De me prendre à témoin du plus afreux parjure ?

CORTÈS.

Oui ; je voulus vous voir présent à nos adieux !
Oui ; je vous fis témoin d'un parjure odieux !
Mais encore une fois soufrez que je l'oublie.

AGUILAR.

Un sang digne du vôtre Elvire & Moi nous lie ;
Et je rapellerai malgré vous un serment
Que je ne verrois pas trahir impunément.

CORTÈS.

Rapellez-le moi donc ; parlez : je vous écoute.

AGUILAR.

Déjà vous soupirez. Vous ferez plus sans doute
En vous ressouvenant d'Elvire toute en pleurs,
D'Elvire qui sembloit présager ses malheurs.
L'éfèt auroit-il donc justifié ses craintes,
Et répondu si mal aux propos que vous tintes ?
Je ne puis l'oublier : par de plus nobles traits,
Le Guèrrier amoureux ne s'exprima jamais.
» *Elvire, dites-vous, j'ai pour astre contraire,*
» *Et de nos deux Maisons la haine héréditaire,*
» *Et le désavantage auquel est exposé*
» *L'Homme que la Fortune a peu favorisé.*
» *Mais que ne peut un cœur que le vôtre seconde ?*
» *Le Ciel à ma valeur présente un nouveau Monde :*
» *J'y vole ; & cette épée y fera des exploits*
» *Dont se glorifieront & l'Espagne & nos Rois.*
» *Que Charle à mon Elvire en doive la conquête !*
» *Que de myrtes*[28] *lui-même il couronne ma tête ;*
» *Et que pour s'aquiter envers de si beaux feux,*

---

[28] Myrtle symbolizes marriage, rather than victory.

» *Il contraigne D. Pèdre à nous unir tous deux !*
Vous parliez de la sorte en prenant congé d'Elle.

CORTÈS.

Vous me voyez muèt à ce récit fidèle.

AGUILAR.

Vous rend-il à vous-même, ou si vous nous bravez ?

CORTÈS.

Que me répondit-elle, Aguilar ? Achevez.

AGUILAR.

Tout ce que la tendresse & l'honeur peut répondre.

CORTÈS.

Tout ce qui doit servir un jour à la confondre !

AGUILAR.

A la confondre ? ô Ciel ! Aurois-je bien oüi ?

CORTÈS.

Elvire m'abandone.

AGUILAR.

Elle, Seigneur ? Elle ?

CORTÈS.

Oui.
Intèrrogez Henrique. Oui ; cette Elvire même
Que vous vites, au fort de sa douleur extrême,
Déplorer sa naissance, injurier le sort,
Détester mon courage, & désirer la mort ;
Qui jura, si l'arrêt de notre destinée
Détruisoit entre Nous tout espoir d'himénée,
Que du moins à nul autre aucun Pouvoir humain
N'engageroit jamais ni son cœur ni sa main ;
Cette Elvire aujourd'hui n'est plus qu'une Infidèle ;
Et quand de nos succès l'Espagne a la nouvelle,
Quand de notre bonheur l'Univers s'entretient ;
D. Sanche est amoureux, la demande ; & l'obtient.

AGUILAR.

Je ne m'étone plus de la mélancolie
Où votre ame a paru toujours ensevelie,
Depuis que, parmi Nous, Henrique est de retour.

CORTÈS.

Dom Pèdre, avec Henrique, arrivoit à la Cour.
Rapellé de l'exil où, depuis vingt années,
Sa fierté gémissoit au pié des Pirénées,
Il venoit exercer on ne sçait quel emploi.
Mais à peine avoit-il entretenu le Roi,
Qu'au trop heureux D. Sanche en acordant sa Fille,
Il se fit suivre d'Eux ; & quita la Castille.

AGUILAR.

Elvire, sans douleur, n'aura pas obéi :
Et c'est son devoir seul qui vous aura trahi.

CORTÈS.

Ah, quand nous chérissons les chaînes qui nous lient,
Nos cœurs & nos devoirs bientôt se concilient !
Libre ou non, qui le veut garde aisément sa foi.
Elvire a pû tout faire, & n'a rien fait pour Moi.
De son rigoureux Père aléguant la puissance,
Vous ne m'alégués rien, hélâs, pour sa défense.
Elevée à la Cour Elvire, loin de Lui,
Put du pouvoir suprême interposer l'apui.
Son rang & la faveur l'atachoient à la Reine.
L'Ingrate pour azile avoit sa Souveraine.
Contre un Père du moins, un abri si puissant
Présentoit des délais l'artifice innocent.
En ressources l'amour est-il si peu fertile ?
Ce que j'ai fait pour Elle étoit-il plus facile ?
Mais réservé moi seul aux feux les plus constans,
Seul je subis l'éfet de l'absence & du tems.
Sa flame s'est éteinte ; & Moi, je brûle encore !
Oui ; telle est ma foiblesse, Aguilar : je l'adore !
Je la voi ; je lui parle ; elle existe en ces lieux.
Plus j'en suis éloigné, plus elle est sous mes yeux.
La diformité même, en ce Climat sauvage,
Ne sert qu'à raprocher sa triomphante image.
Mon cœur de tant d'apas ocupé malgré Moi,

Les compare sans cesse à tout ce que je voi.
Mais enfin c'en est fait. J'oublîrai la Cruelle !
Mon courage indigné se révolte contre Elle.
Quels soins pour votre Chèf, en des lieux où le sort
Nous laîsse pour tout choix le triomphe ou la mort ?
Où reculer d'un pas, quoique vous puissiez dire,
Est de tous les périls le dernier & le pire !
Sentons mieux désormais ce que nous nous devons.
J'aimois : j'ai voulu vaincre : & j'ai vaincu.[29] Suivons
Des exploits que le Ciel voudra que j'acomplisse.
L'amour les comença : que l'honeur les finisse !
Qu'Elvire qui partout les entend publier,
Trouvant par tout mon nom, ne me puisse oublier ;
Et compare à son tour, non sans regrèt peut-être,
Avec l'heureux Epoux, l'Amant qui devoit l'être !

SCENE V.
MONTEZUME, CORTÉS, AGUILAR.
MONTÉZUME.

J'ai de vos volontés instruit les Mèxiquains,
Seigneur, en y joignant mes ordres souverains.
Mais le Ciel veut ma chûte, & leur ignominie.
La soif du sang les livre à leur mauvais Génie.
Le Grand-Prêtre apuyé du cri des Anciens,
Les provoque au mépris de vos droits & des miens,
M'apelle votre Esclave, & traite de chimère
Votre force invincible & votre caractère.
Loin de révoquer donc l'apareil inhumain
Du sacrifice impie ordoné pour demain ;
Il presse avec ardeur cette fête funèbre :
Aujourdhui, dans une heure, il veut qu'on la célèbre.

CORTÈS.

J'en réglerai la pompe ; il m'y vèrra marcher.

---

[29] Perhaps an echo of Julius Caesar's 'I came, I saw, I conquered'? (See also the dedicatory poem.)

MONTÉZUME.

Ce que mon zèle encor ne sauroit vous cacher,
Soigneux d'acumuler nos malheurs & ses crimes,
Entre vos Aliés il choisit cent Victimes,
Et d'un horrible deüil menace Tlascala.

CORTÈS.

C'est assez.

MONTÉZUME.

Sa fureur n'en demeure pas là.

CORTÈS.

A quel excès plus grand peut monter son audace ?

MONTÉZUME.

A massacrer des Gens de votre auguste Race,
Trouvés dans nos Déserts, èrrans & désarmés,
Et, depuis quelques jours, dans le Temple enfermés.

CORTÈS à *Aguilar*.

Des Espagnols ! Qu'entens-je ?

MONTÈZUME.

Oui, Seigneur ; & sa rage
Prétend même, par Eux, comencer le carnage.
D'un pareil atentat plus indigné que Vous,
Je n'adoucirai point votre juste couroux.
Qu'il éclate à son gré sur un Peuple barbare
Que je voudrois conduire, & que le crime égare.
Pour moi, Captif ici moins honteux de mes fers,
Que d'avoir été Roi d'un Peuple si pervers,
Je vais, ne doutant pas du succès de vos armes,
Honorer les Ingrats de mes dernières larmes.

SCENE VI.

CORTÉS, AGUILAR.

CORTÈS.

Je vous ai vû pâlir, Moi je frémis d'horreur.
Ami, plus de conseils que de notre fureur !
Pour empêcher demain ce qu'on ose entreprendre,

Sicotenfal ici, la nuit, se devoit rendre ;
Nous devions de concert semer ici l'éfroi :
On le prévient. N'importe. Osons tout. Suivez-moi.
Vèrrons-nous égorger nos Amis & nos Frères,
Sans qu'il en soit parlé sous les deux Hémisphères ?
Le sang a trop soüillé vos sacrilèges mains,
Monstres, soyez rayés du nombre des Humains !

Fin du prémier Acte.

ACTE II.
SCENE PREMIERE.
D. PÉDRE, AGUILAR.

AGUILAR.

Si notre course heureuse est ici terminée,
Au moins ne pouvoit-elle être mieux couronée.
Qui nous eût dit, Seigneur, tantôt quand aux autels,
Nous courions désarmer ou punir les Cruels,
Que D. Pèdre seroit la prémière Victime
Que leur enléveroit cet éfort magnanime ;
Et qu'on auroit, avant d'abandoner ces lieux,
Le bonheur de saûver des jours si précieux ?

D. PEDRE.

La vie est quelquefois le plus grand des suplices.
De la Fortune aveugle admirons les caprices,
Ami : Cortès & Moi nous les signalons bien.
La gloire est son partage ; & la honte est le mien.

AGUILAR.

La honte est un malheur ; mais, s'il ne nous surmonte,
Aucun autre malheur n'est, je crois, une honte ;
Et les vôtres....

D. PEDRE.

Les miens les réüniront tous,
Quand tu m'auras, d'un mot, porté les derniers coups.
Sous le bandeau mortel, depuis une heure entière,
J'étois, comme tu sçais, privé de la lumière.
Ce jeune Castillan qui partageoit mon sort ?
Il ne reparoît point ; & sans doute il est mort ?

AGUILAR.

Vous alez vous revoir dans les bras l'un de l'autre.
Le Ciel à son salut veilloit ainsi qu'au vôtre.
D'instruments & de cris un mélange infernal
Du meurtre avoit déjà donné l'afreux signal ;
Un Satellite, Monstre indigne du nom d'homme,

Que du saint nom de Prêtre ici pourtant l'on nomme,
Le bras levé sur Vous, paisible en sa fureur,
Déjà, de votre sang s'abreuvoit dans son cœur.
Nos armes, tout-à-coup, nous faisant faire place,
Reportent l'épouvante où renaîssoit l'audace.
Cortès que rien n'arête & qui semble voler,
Fond sur le Scélérat prêt à vous immoler,
Tandis que non moins prompt je relève & délie
L'Espagnole[30] à vos pieds pâle & presque sans vie.
Le nom de notre Chèf lui fait rouvrir les yeux.
Que deviens-je à mon tour, quand l'examinant mieux,
Dans ses traits délicats où la couleur expire,
Je démêle... Je vois... Je reconoîs... Elvire !

D. PEDRE.

Que veux-tu ? Ni la mort, ni toutes ses horreurs
Ne sont, cher Aguilar, le comble des malheurs ;
Et du moins, de la sorte Elvire travestie,
Des outrages du sort saûvoit plus que sa vie.

AGUILAR.

Voudriez-vous, Seigneur, m'instruire à votre tour ?
Une Brigue vous fit éloigner de la Cour.
Un rapel honorable a réparé l'injure ;
Mais, depuis ce rapel, quelle étrange avanture
A de Vous & d'Elvire ici conduit les pas ?

D. PEDRE.

Eh ! Mon astre partout ne me poursuit-il pas ?
   Le Conseil informé du pouvoir tiranique
Dont l'avare D. Diègue use à la Jamaïque,[31]
De cette Isle en secrèt me nomma Gouverneur.

---

[30] Interestingly, the reader receives this clue that the young Castilian is not male, whereas the spectator has to wait for the surprise of the final word of this speech.

[31] Presumably Diego Columbus (1479/80–1526), eldest son of Christopher Columbus, who was not governor of Jamaica, but Viceroy of the Indies, which included that island, from 1511 until 1514, when he was recalled to Spain. He returned in 1520, the year of the events described in the play, but was again recalled in 1523. The first actual governor of the island, Juan de Esquivel, held the post from 1510 to 1514; the governor in 1520 was Francisco de Garay, who served from 1514 to 1523, and who, far from mitigating the tyranny of Columbus, as it is implied Don Pedro is tasked with doing, had by 1519 virtually wiped out the indigenous population. There would not be a governor called Diego, Diego Fernández de Mercado, until *c.* 1586.

Mais je fus moins flaté de ces marques d'honeur,
Que révolté d'entendre en cette Cour funeste,
Elever jusqu'au Ciel un nom que je déteste ;
Et de n'y revenir que pour voir de plus près
Le triomphe insultant du Père de Cortès.
Aussi ne désirois-je aprocher cette Plage
Que pour y disputer l'honeur de l'avantage,
Une Carière immense ofrant encor de quoi
Partager la fortune entre Cortès & Moi.
Venant donc afronter ce qu'ont de redoutable
La Guèrre, un nouveau Ciel, & la Mèr indomtable,
De cent préparatifs je dûs être ocupé.
Malgré le peu de tems, j'y pourvus ; j'équipai.
D. Sanche vint alors me demander Elvire.
Je n'eus, où j'en étois, que deux mots à lui dire :
Je cours à des périls dignes de vous tenter,
Jeune homme ; en me suivant, venez la mériter.
Il y consent, je pars, & des Mèrs inconuës
Ne nous montrent longtems que leurs flots & les nuës ;
J'arivois ; quand la nuit & l'orage à nos yeux
Dérobent à la fois l'eau la Terre & les Cieux.
De la vague & des vents le caprice & la rage
Prolongent plusieurs jours les horreurs du naufrage ;
Sur un écueil enfin mon vaisseau retentit ;
D'un second choc, il s'ouvre ; & l'onde l'engloutit.
Le généreux D. Sanche, en ce péril extrême,
Fait tout pour nous saûver en périssant Lui-même.
Quelques débris flotans & ses derniers éforts
Mètent ma Fille & Moi sur ces malheureux bords.
C'est là que la Fortune & ce Peuple exécrable
Trouvent l'art de me rendre encor plus misérable,
En nous jètant au pié des autels où Cortès
A, par notre salut, couroné ses sucçès.

AGUILAR.

Vous vous consolerez en revoyant Elvire.

D. PEDRE.

L'Infortunée ! Enfin, tu dis qu'elle respire ?

AGUILAR.

Revenu d'un prémier & juste étonement,
L'état où je la vois m'ocupe uniquement ;

Et tandis que Cortès tonne, abat, mèt en fuite,
Elvire, en ce Palais, sous ma garde est conduite,
Et remise en des mains qui, pour la secourir,
Seules, sans l'ofenser, avoient droit de s'ofrir.
Son retour à la vie est un éfet du zèle
Des Femmes qu'adoroit Montézume avant Elle.
Car il ne l'a pû voir sans témoigner d'abord
Une admiration qui va jusqu'au transport.
Je ne suis pas surpris du pouvoir de ses charmes.
Leur prodige est égal à celui de nos armes ;
Et Maitresse du cœur des Peuples & des Rois,
La Beaûté brille ici pour la prémière fois.

D. PEDRE.

Que ne te suivoit-elle ; & qui l'arrête encore ?

AGUILAR.

Elle reprend l'habit d'un Sexe qu'elle honore.
Les Femmes qui d'abord prenoient soin de ses jours,
A l'envi maintenant l'ornent de leurs atours ;
Et bientôt, parmi Nous, on va la reconoître
Sous l'éclat convenable au sang qui l'a fait naître.

D. PEDRE.

Grâce à vingt ans d'exil, heureusement pour Moi,
Je ne puis être ici reconu que de Toi,
Du Fils de l'Ennemi dont le seul nom m'irrite,
Et de cette Jeunesse atachée à sa suite,
Les yeux n'étant au jour qu'à peine encore ouverts,
Lorsque l'on m'envoya vieillir dans des Déserts.[32]

AGUILAR.

La nouvelle est qu'on saûve & la Fille & le Père.
Voilà tout ce qu'on sçait : le reste est un mistère….

D. PEDRE.

Que je prétens[33] qui dure encore un jour ou deux.

---

[32] In the archaic sense of unfrequented or quiet places, so away from society and the court.
[33] 'Prétendre': here 'to intend'.

AGUILAR.

Cortès, loin de vous être importun ni fâcheux…..

D. PEDRE.

Garde un profond secrèt, c'est Moi qui t'en suplie.
Donne-m'en ta parole ; ou m'arrache la vie !

AGUILAR.

Je le garderai ; mais, de grâce, écoutez-moi.
Cortès……

D. PEDRE.

Bientôt ma mort dégagera ta foi.
Un jour ou deux encore, écarte de ma Fille
Ceux qui l'auroient pû voir à la Cour de Castille ;
Cortès plus que tout autre.

AGUILAR.

Il sufit….. Le voici.

D. PEDRE.

Dès-qu'il m'aura laîssé, conduis Elvire ici.

SCENE II.
CORTES, D. PEDRE.

CORTÈS *lui présentant une épée.*

Seigneur, (car à ce front peint d'une noble audace,
D'un sang illustre en Vous on reconoît la trace)
Reprenez, en Guèrrier plein de ressentiment,
De votre liberté le signe & l'instrument.
Qu'il serve à vous venger ! Qu'il serve à notre gloire !
Un Espagnol de plus nous vaut une victoire.
Oui, le jour d'un combat, tout l'or des Mèxiquains
Nous vaut moins que ce fer en de vaillantes mains.
Votre salut sans doute a grôssi la tempête.
Venez, ou mériter part à notre conquête ;
Ou vendre chèr un sang qui ne doit pas couler,
Sans tenir de sa source, & sans la signaler.

D. PEDRE.

Marchons. Conduisez-moi, Seigneur, où la justice
Veut que pour m'aquiter je vainque, ou je périsse.

CORTÈS.

Dans le tumulte encor d'un prémier mouvement,
Nous pouvons, Vous & Moi, respirer un moment.
Des Sacrificateurs le zèle mercenaire
N'armera que trop tôt ce Peuple sanguinaire ;
Et d'Ennemis sans nombre alors environés,
Nous mourrons glorieux, ou vivrons couronés.
 Mais, Seigneur, qui l'eût crû, qu'une telle journée
Feroit naître en son cours des projèts d'himénée ?
Le Roi mèt sa courone aux pieds de la Beauté
Que soumèt la naissance à votre autorité.
Acablé d'autres soins, je n'ai pû voir encore
Ces charmes si puissans que Montézume adore ;
Mais j'ai vû Montézume ; & de son cœur émû
Le trouble me peint bien tout ce que j'aurois vû.
N'osant rien espérer, pensif, hors de lui-même,
Il n'a trésors, amis, foi, sang, ni diadême,
Rien qui ne soit à Nous, si d'un heureux lien,
Au sort de votre Fille on veut joindre le sien.
 Seigneur, m'honorez-vous d'un peu de confiance ?
N'hésitez point. Formez une auguste aliance,
Qui nous rendant bien-tôt plus forts en ce Palais,
Assure aux Espagnols le Mèxique à jamais.
Le Vulgaire insensé vole aux ordres du Prêtre ;
Mais le Noble n'en prend que de la voix du Maître :
Ou s'il nous faut périr ; votre Fille, après Nous,
N'a du moins rien à craindre avec un tel Epoux.

D. PEDRE.

Que ma religion s'immole à ma Patrie ?
Non, Seigneur. Point de pact avec l'Idolatrie !

CORTÈS.

Et qui vous dit que j'aye, en cette ocasion,
Négligé l'intèrêt de la Religion ?
Montézume méprise & déteste la sienne.
Sa grande ame en secrèt dès-longtems est chrétienne ;
Et deux engagemens pris au pié des autels,

L'atacheroient à Nous par des nœuds éternels.
Hélas, peutêtre aussi, quand je sers sa tendresse,
Peutêtre est-ce l'éfèt d'un reste de foiblesse !
J'éprouve ce qu'il sent, j'aime ; & n'espérant rien,
Comme je plains mon sort, je plains aussi le sien.
Qu'il vous parle. Pour Moi, plein d'une ardeur plus belle,
Il est tems que je coûrre où le devoir m'apelle.
Vous, de votre côté, consultez-vous, Seigneur ;
Vous avez des Amis, une épée, un grand cœur,
Un Trône à votre Sang présenté pour azile ;
Dequoi mourir enfin glorieux & tranquile.

SCENE III.

D. PEDRE.

Oui, je mourrai ! Tu peux t'en reposer sur Moi :
Oui, Cortès ; je hais trop le jour que je te doi,
Pour ne pas rencontrer la mort que je désire.
Au Trône cependant faisons monter Elvire ;
Et qu'au moins en ces lieux, il soit, si j'y péris,
D'une vertu si pure & l'azile & le prix.

SCENE IV.

D. PEDRE, ELVIRE, AGUILAR.

ELVIRE.

Mon Père, entre vos bras, soufrez que je déploie
Une ame qui sucombe à l'excès de sa joie !
Puis-je, sans en mourir, passer en un moment
De l'adieu le plus triste à cet embrassement ?
Vous traiterez encor mes larmes de foiblesse.
Pardonez-les, mon Père, à ma tendre alégresse !
Hélâs, puissent mes yeux, après tant de malheurs,
Ne plus jamais verser, pour Vous, que de ces pleurs !

D. PEDRE.

Ma Fille, enfin le Ciel termine vos disgrâces.
Aplaudissons-nous-en ; mais, en lui rendant grâces,
Félicitez-vous moins de ce que je lui doi :
Ses faveurs sont pour Vous ; & son couroux pour Moi.

ELVIRE.

En quoi vous plaignez-vous encor de sa colère ?

D. PEDRE.

En prolongeant ma vie, il acroît ma misère.

ELVIRE.

Quel discours ! Est-ce donc, est-ce à ma foible voix
A vous rendre un courage admiré tant de fois ?
Je vous ai vû tranquile au milieu de nos pertes,
Sur les flots en fureur, dans des Isles désertes,
Sous le coûteau fatal qu'une barbâre main,
Sans celle de Cortès, plongeoit dans votre sein....

D. PEDRE.

Sans celle de Cortès ! Ah comble d'infamie !

ELVIRE.

Eh, cette main n'est pas une main ennemie
Dont le secours aît dû vous paroître un afront ![34]
Le sang se purifie ainsi qu'il se corrompt ;
Et comme il est souvent tel Fils qui dégénère,
En vertus quelquefois Tel autre éface un Père.
Cortès n'a jamais eû l'injustice du sien.
Aguilar peut vous dire.....

D. PEDRE.

                Il ne me dira rien
Dont ma confusion ne renaîsse & n'augmente.
Je veux que de Cortès la haine se démente ;
Mais de quelque façon qu'il prétende en agir,
De mon abaîssement ai-je moins à rougir ?
Je le venois braver, & c'est Lui qui nous[35] brave !
Je m'embarque en Rival ; & j'aborde en Esclave !
Je lui dois mon[36] épée ! Enfin, cher Aguilar,
Je me venois moi-même[37] atacher à son char.
O honte !.... Heureusement la mort nous environe.

---

[34] 1757 reading; 1758: 'un afront | Le'.
[35] 1757: 'qui me brave'.
[36] 1757: 'dois cette épée'.
[37] 1757: 'Aguilar, | Moi-même je me viens atacher'.

Je combatrai pour Lui. Mais, avant qu'il soupçone
Un trait de sa fortune & si râre & si beau,
Je me serai caché dans la nuit du tombeau.

ELVIRE.

Non, mon Père, il rendra votre perte impossible.
Malgré Vous, avec Lui, vous serez invincible.
Il vous devra sa gloire ; & je prétends vous voir
Tous les deux….

D. PEDRE.

    Par pitié, laîssez-moi mon espoir !
Heureux, en terminant ma triste destinée,
De vous laîsser ici paisible & couronée !

ELVIRE.

Quelle paix, quels honeurs nous réserve le sort,
Si votre inimitié nous dévouë à la mort ?

D. PEDRE.

Non, vous ne mourrez point : vous règnerez, ma Fille ;
Et vous honorerez mon sang & la Castille.
Montézume vous aime. En lui donnant la main,
Vous devenez sacrée à son Peuple inhumain.
Cet himen glorieux illustre ma mémoire,
Des Conquérans de l'Inde achéve la victoire,
Va m'aquiter envers nos fiers Libérateurs,
Et remplir l'Univèrs de vos Admirateurs.
Notre sort coûtera des larmes à l'Envie.
A ce prix, sans regrèt, j'abandone la vie ;
Et vais à Montézume anoncer un aveu
Qu'il m'a fait demander, & qu'il espéroit peu.

ELVIRE.

Qu'ai-je oüi ? Quel aveu ! Moi, Seigneur ! Moi, l'Epouse…

D. PEDRE.

De vos prémiers devoirs vous conoîssant jalouse,
Je devois en éfèt vous tirer d'une erreur
Qui fait avec raison naître en Vous cette horreur.
Vous croyez Montézume imbû de l'imposture
D'une Réligion dont gémit la Nature.
Non, ma Fille ; & c'est même un des fruits les plus doux

Que produiront les nœuds qui vont l'unir à Vous.
Ce Prince abolira par de pieux exemples,
Le Paganisme afreux qui soüille ici les Temples.
Du flambeau de la foi son cœur est éclairé.
J'ai frémi comme Vous ; Cortès m'a rassuré....

ELVIRE.

Cortès ! Quoi ? C'est Cortès....

D. PEDRE.

Oui, qui sert Montézume.
Oui, c'est Lui qui promèt tout ce que j'en présume.
Calmez l'émotion d'un zèle impétueux.
Cortès est, dites-vous, un Homme vertueux.
Un semblable Garand mérite qu'on l'en croie.

ELVIRE.

Seigneur ! Un seul instant, soufrez que je le voie ;
Et que pour mon repos j'ose l'intèroger !

D. PEDRE.

Le voir avant ma mort ! Gardez-vous d'y songer.
Mais plûtôt, pour cacher votre malheureux Père,
Vous-même, jusques-là, cachez-vous la prémière.
Aguilar nous seconde ; & j'obtiendrai du Roi,
Que vous ne soyez plus visible ici qu'à Moi.

SCENE V.

ELVIRE, AGUILAR.

ELVIRE.

Vous voyez, Aguilar, à qui l'on m'abandone :
Cortès adore Elvire ; & c'est Lui qui la donne.
C'est Lui qui m'assassine ! Informez-l'en ! Courez !
Un moment peut tout perdre ! Eh quoi ? Vous demeurez !

AGUILAR.

Madame, je vous plains. Je conçois vos alarmes.
Mais je ne voi, pour Vous, de secours que vos larmes,
Et c'est à votre Père à s'en laîsser flèchir.
Pour Moi, de mes sermens je ne puis m'afranchir.
Il veut être inconu. J'ai promis de me taire ;

Et je manque à l'honeur, si j'ose vous complaire.

ELVIRE.

Vous ? Le seul Confident, le témoin de la foi
Que me donna Cortès, & qu'il reçut de Moi !

AGUILAR.

Oui : j'ai flaté des feux environés d'obstacles ;
Mais qui devant conduire à de si grands miracles,
Pour Vous, de quelque espoir me flatoient, à leur tour.
Aujourdhui même encor, je servois votre amour.
Oui, Madame ; à Cortès je rapelois vos charmes,
Quelques instans avant que nous prîssions les armes,
Pour voler où jamais nous n'eûssions crû vous voir.
A son ambition j'oposois son devoir.
Cortès est trop avide aussi de renomée.
Je voulois l'arêter : & je vous ai nommée.
Ne me demandez point ce qu'il m'a répondu.
D. Pèdre est près du Roi. Vous l'avez entendu.
Sa parole à présent se donne, & vous engage.
Madame, il faut s'armer de tout votre courage.
Votre douleur profonde ébranle trop le mien ;
Et je sens qu'il s'épuise à ce triste entretien.

SCENE VI.

ELVIRE.

De quelles cruautés redeviens-je victime ?
O Ciel ! Par où sortir de ce nouvel abîme ;
Et qui dissipera le trouble où je me voi ?
Cher Amant ! Qu'as-tu fait contre Moi, contre Toi ?
Aux Ondes, à D. Sanche, à l'aûtel échapée,
Du coup mortel enfin je me verrai frapée !
Et ce coup (Qui jamais eût dû le pressentir ?)
Ce coup, c'est de ta main qu'on l'aura vû partir !
L'amour n'a-t-il en Toi nulle voix qui t'inspire ?
Ton cœur est-il muèt, si près de ton Elvire ?
Le vaste sein des Mers, leurs goufres spacieux,
Nous séparoient-ils moins que ces murs odieux ?
Cortès ! Mon cher Cortès !... Mais sçais-je qui j'apelle ?
Tout couvert de lauriers Cortès est-il fidèle ?
L'amour partage-t-il les soins d'un Conquérant ?
Que sçais-je même, hélâs ! N'est-il qu'indiférent ?
A-t-il inocemment conclu cet himénée ?

Non, non ! Ouvre les yeux, Amante infortunée !
De l'éclat d'un grand nom Cortès est enyvré.
Au seul désir de vaincre on te le peint livré.
On l'en blâme ; on me nomme : on me taît sa réponse.
Ah, c'est sa perfidie & la mort qu'on m'anonce !
L'Ingrat me sçait présente, & feint de l'ignorer,
Pour me manquer de foi sans se dés-honorer !
Pour après me vanter peut-être sa constance,
Oser me reprocher mon peu de résistance,
Et couroner ainsi ses infidélités,
En m'acablant des noms qu'il aura mérités !
O crime ! O trahison !…… Mais je lui fais injure.
Cortès n'est ni cruel, ni lâche, ni parjure.
Un soupçon contre Lui si funeste & si noir
Est un monstre qu'enfante en Moi le désespoir.
Malheureuse ! Ne crains que ce que tu dois craindre.
Chère encore à Cortès, en ês-tu moins à plaindre,
Si tes cris ne pouvant ariver jusqu'à Lui,
A son insçû Lui-même il t'immole aujourdhui ?

SCENE VII.

MONTEZUME, ELVIRE.

MONTEZUME.

Rare & céleste Objèt, le plus beau que l'Aurore
De son sein lumineux put jamais faire éclore,
Mortelle incomparable, où cesseront vos pleurs,
Si ce n'est où l'Amour vous soumèt tous les cœurs ?
Mon ame à qui s'ofroient mile images funèbres,
Languissoit abatuë en d'épaîsses ténèbres.
Vous brillez en ces Lieux ; l'horreur en disparoît.
L'Astre ennemi s'éclipse ; & la clarté renaît.
Du Ciel persécuteur la haine ralentie
Suspend enfin mes maux, me laîsse aimer la vie.
Cependant vous pleûrez ; & ce calme si doux,
Quand vous me le rendez, reste éloigné de Vous.
Pour vous en raprocher, joignez mon sort au vôtre.
Devenons désormais le bonheur l'un de l'autre.
Unissez-vous à Moi. Votre Père y consent.
Il vient de m'en donner un gage en m'embrassant.
Parlez. Tout m'est ici moins soumis qu'à vos charmes.
Que faut-il faire encor pour essuyer vos larmes ?

ELVIRE.

N'espérez pas, Seigneur, qu'elles puissent târir ;
Ignorez-en la source, & me laîssez mourir.

MONTEZUME.

Je me croyois encor d'un rang dont le partage
Auroit dû relever un généreux courage ;
Et qu'avoüé d'un Père, en m'ofrant pour Epoux....

ELVIRE *à part*.

O mon Pere ! ô Cortès ! Où me réduisez-vous ?

MONTEZUME.

Est-ce l'adversité qui me rend méprisable ?
A des Cœurs vertueux rien n'est plus respectable.

ELVIRE.

Daignez, si ce respect siéd bien à de grands cœurs,
Daignez donc respecter ma misère & mes pleurs.

MONTEZUME *à part & haût.*[38]

Que devient ma constance & cet orgueil extrême
Qui méprisoit la mort, qui la demandoit mème ?
Puis-je, en un même jour, me si peu ressembler ?
Une Femme a le don de me faire trembler !
Grand Dieu de qui déjà le couroux se ralume !
A quel Peuple étonant livres-tu Montézume ?
La foudre est dans leurs mains ;[39] & jusqu'à la Beauté,
Tout semble fait chez Eux pour être redouté !
(*Retenant Elvire qui veut rentrer précipitamment.*)
Eh, ne me fuyez point ! Simple encore & sauvage,
Si mon amour n'a pas un assez doux langage ;
Non plus par des discours, mais par de tendres soins,
Mieux exprimé, peut-être il vous déplaîra moins.
Vos yeux laîssent trop voir les maux que je m'aprête ;
Ces superbes Vainqueurs dédaignent leur conquête ;

---

[38] An oddly contradictory direction, since 'haut' is the term generally used to indicate the resumption of normal dialogue after an aside. The intention seems to be that the actor should make it clear that what seems superficially to be a reflection by the character to himself, it is really aimed at Elvire, and so is fully intended to be overheard by her.
[39] Another reference to the Spaniards' firearms.

Roi d'un Peuple odieux qu'ignoroit l'Univers,
Je ne suis qu'un Barbare indigne de vos fers.
Mais si le désaveu de l'erreur & du crime
Peut de Vous toutefois mériter quelque estime ;
Un rayon d'espérance a de quoi me flater.
L'Invincible Cortès poura vous l'atester.
Des Dieux qu'idolâtroient mes crédules Ancêtres,
J'ai tantôt, devant Lui, désavoüé les Prêtres.
C'est Moi dont les avis l'ont fait voler vers Vous.
J'ai contre Eux imploré ses redoutables coups.
Comme si j'avois sçû que leur Troupe inhumaine
Ataquoit une vie où s'atachoit la mienne !
Aussi Cortès est-il favorable à mes feux.
Ainsi que votre Père, il me souhaite heureux.
Vous seule cependant dont l'aveu m'intèresse,
Vous seule défendez l'espoir à ma tendresse !......
  Mèxique ! Aurois-tu crû qu'un jour ton Souverain
Suplieroit en aimant ; & suplieroit envain ?
Tremble de ce prodige ! Un si nouvel outrage,
De ta ruine entière est le dernier présage.

ELVIRE.

La passion vous livre à d'aveugles transports.
Ne me reprochez rien. Quand l'état d'où je sors,
Quand l'état où je rentre, & la perte prochaine
D'un Père infortuné dont la mort est certaine,
Quand de tant de malheurs & la suite & le cours
Ne me fermeroient pas l'oreille à vos discours ;
Il ne seroit pas tems encor de les entendre.
Mon Père vainement vous a nommé son Gendre,
Si notre auguste Prince informé de son choix,
Ne le rend légitime, en y joignant sa voix.
Oui, de nos Rois sur Nous tels sont les droits suprêmes ;
Nous ne sçaurions, sans Eux, disposer de Nous-mêmes ;
Cette prérogative est un droit naturel
Que leur acquit sur Nous leur amour paternel.
Ce droit nous suit partout ; rien ne nous en exempte.
Charle n'est point absent : Cortès le représente.
Vous avez, dites-vous, obtenu son aveu.
C'est sans doute beaucoup ; mais c'est encor trop peu.
Qu'amené devant Moi, Lui-même il me l'anonce.
Cet arrêt confirmé réglera ma réponse.
Alez ; & flatez-vous que vos soins empressés

M'obligeront, Seigneur, plus que vous ne pensez.

MONTEZUME.

De votre Père, ici, la défense absoluë
A tous les Espagnols interdit votre vûë ;
Mais en des lieux où j'ose encor donner des loix,
S'il y faut obéïr, ce n'est qu'à votre voix.

SCENE VIII.

ELVIRE.

Et Vous, pardonez-moi, cher Auteur de ma vie,
Si votre haine injuste est si mal obéïe.
J'opose à votre perte un obstacle puissant ;
Et du moins je vous saûve, en désobéïssant.

Fin du second Acte.

ACTE III.
SCENE PREMIERE.
CORTES, AGUILAR.

AGUILAR.

Ce vestibule ouvert conduit chez l'Espagnole.
Vous pourez la trouver. Mais de quel soin frivole,
S'ocupe ici Cortès, en ce moment fatal,
Où tout demande ailleurs les yeux du Général ?

CORTÈS.

Le soin dont je m'ocupe est de mon ministère.
Elle croit que c'est peu de l'aveu de son Père,
S'il n'est autorisé de celui de son Roi ;
Et puisque, Parmi Vous, Charle réside en Moi ;
Je dois la satisfaire, & servir avec zèle
Un Monarque amoureux qui fera tout pour Elle ;
Et qui, sous nos Drapeaux, de ses plus fiers sujèts
Rassemblera l'Elite en ce vaste Palais.

AGUILAR.

Si pour[40] tant....

CORTÈS.

    Mes raisons auroient dû vous sufire.
Des vôtres, à mon tour, voudriez-vous m'instruire ?
Vous êtes inquièt ; & peut-être jaloux ?
De la jeune Espagnole envîriez-vous l'Epoux ?

AGUILAR.

L'indiférence en Vous fût-elle aussi parfaite !
Mais vous avez aimé ; c'est ce qui m'inquiète.
Vers Celle dont l'Himen importe à nos destins,
Vous portez un esprit nuisible à vos desseins.
Ce que vous avez fait, vous allez le détruire.
Dans le fond de son cœur elle m'a laîssé lire.
Un tendre engagement contraire à son devoir,

---

[40] 1757 reading; 1758: 'Si pou tant'.

Arrache des soupirs qui vont vous émouvoir.
Moi qui suis si peu fait à ces sortes d'alarmes,
Moi-même je la fuis, atendri de ses larmes ;
Et Vous, dont le cœur saigne encor des mêmes coups,
Vous, qui pensez comme Elle, y résisterez-vous ?

CORTÈS.

Elle est bien malheureuse en éfèt dès-qu'elle aime ;
Et je la plains déjà ; mais cette pitié même
Fait que de plus en plus je veux l'entretenir,
Pour l'engager à perdre un si doux souvenir.
Je lui peindrai l'abus d'une flame constante ;
Elle le sentira. Qu'elle se représente
Les horreurs qui pouroient acompagner sa fin ;
Le lieu, le tems, un Trône ; & mon exemple enfin.

AGUILAR.

Je laîsserois agir l'autorité d'un Père,
Sans vouloir….

CORTÈS.

    Parlerai-je en Ami plus sincère,
Ou plûtôt en Amant qui n'écoute plus rien ?
Mon cœur, mon foible cœur vole à cet entretien.
Il supose, il espère, il croit ce qu'il désire.
L'Espagnole a pû voir, a pû conoître Elvire,
Sçavoir plus de son sort, qu'on n'en a publié,
Et si Cortès est plaint, ou s'il est oublié.
Ah si, comme tantôt vous le disiez Vous-même,
Le devoir seul eut part à mon malheur extrême ;
Si j'aprens qu'elle en aît seulement soupiré….
Vous voyez les périls dont je suis entouré,
Vous verriez sur mon front la victoire assurée
Justifier la foi qu'elle m'avoit jurée ;
Et plus présente encore en ces lieux que jamais,
Elvire à l'Amérique étaler tout Cortès !
Entrons.

Aguilar sort d'un côté ; & Cortès sortant de l'autre,
est rencontré & retenu par D. Pèdre.

SCENE II.
CORTÈS, D. PEDRE.

D. PEDRE.

L'eau salutaire est prête, & l'encens fume.
Ma Fille, à nos autels, va suivre Montézume.
Moi, je vous suis, Seigneur : hâtez-vous de m'ouvrir
La Carière où je dois m'aquiter ou mourir.

CORTÈS.

Combatrai-je avec Vous, Seigneur, sans vous conoître ?
Car ne fûssiez-vous point ce que vous semblez être,
Quel que soit votre sang, recomandable ou non,
Ce cœur que vous montrez vous a dû faire un nom.
Que ce nom désormais ne soit plus un mistère.
Prêt de l'éterniser, daignez ne le plus taire.
Non pourtant que je veüille insister là dessus.
Si c'est trop exiger, Seigneur, n'en parlons plus.

D. PEDRE.

Oui, Seigneur, atendez la fin de la journée.
Ignorez jusques-là mon nom, ma destinée.
Je sçaurai, si je vis, réparer ce refus ;
Ma Fille, si je meurs, vous dira qui je fus ;
Et si nous périssons & Vous & Moi ; qu'importe
Un nom plus ou moins grand que je laîsse ou j'emporte ?

CORTÈS.

Changeons donc de propos. Étiez-vous à la Cour,
Quand D. Pèdre y parut, & n'y parut qu'un jour ?

D. PEDRE.

Oui, Seigneur.

CORTÈS.

    Et de grâce encor, daignez m'aprendre
Où, delà sont allés Lui, sa Fille, & son Gendre ?

D. PEDRE.

D. Sanche, avant l'Himen, a terminé son sort.
(*Ici Cortès reprend un air de tranquilité que remarque D. Pèdre.*)
Leur Vaisseau fit naufrage ; & par un bel éfort,

En saûvant sa Maitresse, il y perdit la vie.
De quels événemens sa perte fut suivie,
Où D. Pèdre & sa Fille ont depuis respiré,
C'est ce qui dans Tolède est encore ignoré.[41]

CORTÈS.

Mais Ceux dont le raport atesta leur naufrage
Auront pû dire aussi quelles Mers, quel Rivage,
Quelle Contrée enfin....

SCENE III.
CORTÈS, D. PEDRE, MONTÉZUME,
Troupes d'Espagnols & d'Américains.

MONTÉZUME à *Cortès*.

Mes plus brâves Soldats
Pour vaincre à vos côtés, suivent ici mes pas.
Déjà mon même esprit les éclaîre & les guide.
Le Grand-Prêtre, à leurs yeux, n'est plus qu'un Paricide,
Qu'un Rebèle, qu'un Fourbe, & qu'un Séditieux
Qui, pour trahir son Roi, s'arme du nom des Dieux.
Consacrons ce moment par une double Fête ;
Et du pié de l'autel revolant à leur tête,
Forçons ce Peuple ingrat d'acçepter un Traité
Dont le prémier objèt est sa félicité.

CORTÈS.

Allons.

MONTÉZUME.

Auparavant, écoutons le Grand-Prêtre.
Devant Nous, un instant, il demande à paroître.
Mes yeux ouverts peut-être ont désillé les siens.
De se plaindre du moins ôtons lui tous moyens.
Qu'il entre & sorte éxemt de péril & de crainte.
Il me l'a fait promètre ; & ma parole est sainte.
Que sa liberté donc & ses jours soient sacrés.

---

[41] Charles I had his court in Toledo.

CORTÈS.

Vous le voulez ainsi ; qu'il se présente.

MONTÉZUME *à ses Garde*s.

Ouvrez.[42]

SCENE IV.
CORTÈS, MONTÉZUME, LE GRAND-PRETRE, D. PEDRE,
Troupes d'Espagnols & d'Amériquains.

LE GRAND-PRETRE.

Mes cris sont descendus au centre de la Terre ;
Ils en ont évoqué le Démon de la guerre ;
Devant Lui, vont s'ouvrir les Portes de l'Enfer ;
Et la Flêche sacrée* est prête à fendre l'air.
Déjà l'Arc est tendu. Mais avant qu'avec elle
La Mort vole, & consacre à la nuit éternelle
Des Ennemis soüillés du plus grand des forfaits,
Je veux bien être encore un Ministre de paix.

CORTÈS.

On voudra bien t'entendre, & pardoner peut-être :
Mais en parlant, respecte **un vainqueur ***& ton Maître.

LE GRAND-PRETRE *au Roi.*

O Toi que sans combat la terreur a vaincu,
Prince aveûgle, répons ! N'as-tu pas trop vécu ?
Quand tu montas au Trône, à tes Dieux qu'on ofense,
De nos droits & des leurs tu juras la défense ;
Jusqu'en leur Sanctuaire on vient nous égorger ;
Et quand tous tes Sujèts s'arment pour nous venger,
(La honte de leur Roi peut-elle être plus grande ?)
Ce Roi les désavoüe : un Autre les comande ;
Un Prêtre est à leur tête, & Toi, dans les liens ;
C'est Moi qui les anime, & Toi qui les retiens.
Oui ; tout prêts à fraper, ils ont craint pour ta vie

---

* *Cérémonie qui donoit le signal du combat chez les Barbares.*
** *Se montrant.*
*** *Montrant Montézume.*

---

[42] 1757, 1758: 'Gardes. | Ouvrez | SCENE'.

Qui reste abandonée au glaîve de l'Impie.
Ma vengeance étoit sûre : un traité l'interrompt ;
Et ton intèrêt seul en fait subir l'afront.

MONTÉZUME.

Ta vengeance étoit sûre ! Eh, surquoi, Téméraire,
En osois-tu fonder l'espoir imaginaire ?

LE GRAND-PRETRE.

Un Monde armé, nos Dieux m'en avoient répondu.

CORTÈS.

Tes Dieux t'auroient vengé comme ils t'ont défendu.

LE GRAND-PRETRE.

Ne m'ont-ils pas déjà vengé, quand leur justice
A, par tes propres mains, creûsé ton précipice ?
Ton crime a réveillé les Mèxiquains séduits.
Envain je les poussois où tu les as réduits ;
Et s'ils ne s'alarmoient (*montrant le Roi.*) pour un pareil ôtage…

MONTÉZUME.

Sont-ce là tous leurs soins ? Sors ! Je les en dégage.

LE GRAND-PRETRE.

Je n'entens plus ta voix ; je ne vois que tes fers ;
Et je te méconois en des lieux où tu sers.

CORTÈS.

Il y siège en Monarque ; & sa seule présence
Des foudres que tu vois* saûve ton insolence.
Et quel autre qu'un Maître eût eû droit, sur sa foi,
D'introduire où je suis, un Monstre tel que Toi ?

LE GRAND-PRETRE.

Rebut des Elémens, Auteur de nos divorces,
Tremble Toi-même ; & crains ta foiblesse & nos forces.
Ici, pour un moment, la Surprise & la Peur
D'abord t'ont couroné par les mains de l'erreur ;
Mais le charme a cessé ; ce Peuple enfin m'écoute ;
La foudre de ses Dieux est celle qu'il redoute ;

---

* *Montrant les armes à feu de ses Espagnols.*

Et pour les apaiser, mais sans retardement,
Il prononce ta mort, ou ton éloignement.
Fuis donc ; on le permèt. Abandone une Terre
Qui ne trembleroit plus du bruit d'un vain tonerre.
Notre nombre se rit de ton fer, de tes feux,
Et de l'agilité de tes Coursiers fougueux.
Disparoîs à nos cris ; & revole en arrière,
Comme au soufle des vents voleroit la poussière !
Qu'ês-tu venu chercher en ces paisibles lieux ?
Je ne sçais quels métaux d'un vil prix à nos yeux ;[43]
Sources de mile abus que l'Amérique ignore ;
Parmi Vous, je le voi, les seuls Dieux qu'on adore.
A leur éclat trompeur en Esclave asservi,
Acablé de leur poids, sans en être assouvi,
Fuis, dis-je ; & porte au loin, nous laîssant nos victimes,
Ce fruit de tes exploits, ou plûtôt de tes crimes !
Puisse l'Or, chez les Tiens de ta soif embrâsés,
Reporter tous les maux que tu nous a causés,
Désunir Aliés, Parens, Peuples, & Princes,
Rendre incultes vos Champs, dévaster vos Provinces,
Et faire enfin règner partout l'Impunité,
L'Injustice, la Fraude, & l'Inhumanité !

CORTÈS.

Imposteur ! Où t'égâre une fougue insensée ?
Oses-tu bien parler d'humanité blessée,
Toi qui noûri de meurtre, & l'érigeant en loi,
T'en ês fait un paisible & sacrilège emploi ?
Pris à témoin par Nous, que Tlascala réponde.
Le prémier il me vit sortir du sein de l'Onde.
Qu'arborèrent dès-lors mes nobles étendards ?
La Vérité, la Paix, l'Abondance, & les Arts.
De Qui nous ataqua je foudroiai l'audace ;
A Qui s'est repenti ma clémence a fait grâce ;
Et la proie à tes Dieux enlevée aujourd'hui,
Prouve à nos Aliés ce que vaut notre apui.
Les mœurs ayant d'entre Eux chassé l'instinct sauvage,
Vinrent, de leur lumière, éclairer ce Rivage ;
Ton Souverain la vit & ne l'évita pas.

---

[43] Whilst it is true that the Aztecs did not use gold and silver as currency, and so for them they did not have a monetary value in the way that they did for the Spanish, they still valued them for their ornamental properties.

Delà tes cris, ta rage, & tes noirs atentats.
Tu ne pouvois soufrir qu'en lui peignant mon Maître,
Je lui peignîsse un Roi ; je l'instruisisse à l'être ;
Qu'il aprît que le Trône est l'autel éminent
D'où part du Roi des Rois l'orâcle dominant ;
Que le Scèptre[44] est la verge & haûte & redoutable
Sous laquelle, ici bas, doit trembler le Coupable ;
Qu'ici tout l'est ; Soldats, Prêtres & Citoyens ;
Et que tous leurs forfaits désormais sont les tiens.

LE GRAND-PRETRE.

Et qui t'a confié, d'où te naît la puissance
De décider ici le crime & l'inocence ?
Quelles que soient nos lois, prétens-tu les changer ?
Ce droit fut-il jamais le droit de l'Etranger ?
Es-tu l'Ange du ciel ? Est-ce à Nous à t'en croire ?
Et t'oses-tu flater….

CORTÈS.

Oui, j'en aurai la gloire ;
Oui, la Nature entière outragée en ce lieu,
Me demande vengeance, & l'obtiendra dans peu.
Aprends d'Elle aujourd'hui, sur quels droits je me fonde ?
Des Temples infectés du sang qui les inonde,
Leur enceinte & leurs Tours, triste amas d'ossemens
De tes impiétés barbares monumens,
D'exécrables festins, & leur scandale atroce
Qui du Convive impur fait un Monstre féroce,
Le sacrifice afreux qui s'achevoit sans Moi ;
Voilà ce qui soumèt l'Amérique à ma loi.
Veux-tu bien épargner & du sang & des larmes ?
A ce Peuple éfréné fais mètre bas les armes.
Ferme un Temple où déjà ton Prince n'entre plus ;
Sinon, plus de clémence ; & malheur aux Vaincus !
Et bien-tôt, sous tes yeux, déserte & ravagée,
Si dans des flots de sang l'Amérique est plongée,
Et ne prononce plus mon nom qu'avec éfroi,
Pleûre sur ton Pays ; mais ne t'en prens qu'à Toi !

---

[44] 1757: 'le Scèptr est'.

LE GRAND PRETRE.

On t'acordoit la fuite, & c'est Toi qui menaces ?
Puisque tu ne sçais pas autrement rendre grâces,
Puisque ce Roi captif est content de son sort,
Atendant la rigueur de la loi du plus Fort ;
Tenons-nous en tous deux à nos droits légitimes.
Garde ton Prisonier, & rends-moi mes Victimes.

CORTÈS *un Pistolèt à la main.*

Ah ! ma fureur....

MONTÉZUME *lui haûssant le bras.*

Avant de la laîsser agir,
Qu'il sçache tout son crime, & voyez-l'en rougir.
Tout barbâre en éfèt que l'Aûtel t'aît fait naître,
Quand d'assouvir ta rage, on t'eût laîssé le Maître,
La seconde victime, en présentant son sein,
Cruel, t'eût fait tomber le coûteau de la main.
De ce noble Etranger c'est la Fille adorable.
Voi de quel atentat tu te rends acusable.
Tu voulois, & tu veux être encor le Boureau
De tout ce que le Ciel a formé de plus beau,
D'un Objèt dont la vie est désormais la mienne,
D'une Tête sacrée, en un mot de ta Reine.
Je l'épouse.

LE GRAND PRETRE.

Qu'entens-je ? Ah comble de l'horreur !
L'épouser !

CORTÈS.

A tes yeux. (*au Roi*) Amenez-la, Seigneur.

(*Le Roi sort.*)

D. PEDRE *à Cortès.*

Ma Fille frémiroit à son aspect. Qu'il sorte.
Du Palais cependant nous défendrons la Porte ;
Et l'on célébrera les deux Fêtes sans Nous.
Venez.

CORTES.

Non ; devant Elle il pliera les genoux.
C'est à Lui de frémir. (*arêtant le Grand-Prêtre qui
se disposoit à sortir.*) Oui, demeure ; oui ! Toi-même,
Tu verras sur son front poser le Diadême !
Le prémier, tu rendras homage à la Beauté
Que jusques dans nos bras poursuit ta cruauté !
Et ne compte échaper au couroux qui m'anime,
Qu'en implorant l'apui de ta propre Victime.

(*S'avançant au-devant d'Elvire qui paroît*)

SCENE V.

CORTÈS, MONTÉZUME, ELVIRE, D. PEDRE, LE GRAND-PRETRE, Troupes d'Espagnols & d'Américains.

CORTÈS *continuë.*

Venez, Madame…*[45] (*bas*) Ciel ! Que vois-je ?

LE GRAND-PRETRE.

Dieux vengeurs !
Qu'atendez-vous ? Tonnez sur ces Prophanateurs !

CORTES *à part.*

Ah, perfide Aguilar !

LE GRAND-PRETRE.

Tonnez, Dieux du Mèxique,
Avant qu'un tel outrage aît flêtri l'Amérique !

CORTES, *à part.*

Que faisois-je ?

---

* *Sujèt de l'Estampe.*

---

[45] Neither the footnote nor the illustration it refers to is present in the 1757 edition. A curious feature of the illustration, which precedes the text of the play in the 1758 edition and is included here (p. 26), is that, despite the fact that we have been told in II. 1 that Elvire was shipwrecked wearing male clothing and, having lost all her possessions in the wreck, was dressed by Montézume's women in their own clothing, she seems to be wearing European dress that makes no apparent attempt at Mexican local colour.

LE GRAND-PRETRE *voyant le trouble de Cortès.*

Déja, Tel qui m'a menacé,
Frapé d'un coup subit, en paroît terrassé.
(*au Roi.*) Et Toi, tombe à ma voix, tombe du rang suprême,
Vil Époux d'une Esclave ! Esclave ici toi-même !
Et l'Autel, & nos loix, & le Trône, & ton Lit,
Rien ne te fut sacré ; tu n'es plus qu'un Proscrit.

Il sort.

SCENE VI.

CORTÈS, MONTÉZUME, ELVIRE, D. PEDRE.

CORTES, *au Roi surpris de le voir immobile.*

Laîssons pour un moment son audace impunie.
Je songe à diférer une cérémonie
Qui veut plus d'apareil & de solennité.
(*à D. Pedre*) Il en eût en éfet soüillé la Majesté.
(*au Roi*) Choîsissons mieux, Seigneur, & l'heure & la journée.
Il s'agit d'un combat, & non d'un Himénée.
Qu'auroient pensé de Nous vos Soldats & les miens ?
(*à Elvire*) Madame, avec ardeur jai tissu vos liens ;
Nous saurons les sèrrer, mais dans un tems plus calme.
Le Mirte ne se doit cueillir qu'après la Palme.[46]
Les prémiers soins remplis, d'autres auront leur tour ;
Et la Victoire ici raménera l'Amour.
(*au Roi*) Alons, Prince, flatés d'espérances si belles,
Alons en paroîssant disperser les Rebèles !
se découvrant[47] Vous D. Pedre, croyez que rien ne m'est plus doux
Que d'avoir à combatre à vos yeux, & sous Vous.

SCENE VII.

D. PEDRE, ELVIRE.

D. PEDRE.

Que les flots ne m'ont-ils caché dans leur abîme,
Ou que le Mèxiquain n'a-t-il pris sa victime !

---

[46] Whilst myrtle is, as we have noted, associated with weddings, the palm is a symbol of victory.
[47] 'Se découvrant': as a sign of respect he doffs his hat.

Tout ce que je craignois, ma Fille, est arivé !
Cortès m'a reconu vivant ; & m'a bravé !

ELVIRE.

Faudra-t-il qu'une haine irréconciliable,
Où tout me semble heureux, vous rende inconsolable ?
Ces vifs ressentimens qu'un Ayeul irrité
Transmèt de Père en Fils à sa Postérité,
Que la destruction, que le meurtre acompagne,
N'ont que trop jusqu'ici dés-honoré l'Espagne.
Si quelque grandeur d'ame aîde à les étoufer,
Qui mieux que Vous, mon Père, en pouroit triompher ?

D. PEDRE.

Oui, j'en triompherois si, quand je le retrouve,
Le Superbe éprouvoit le destin que j'éprouve,
Et que je fûsse au faîte où je le vois briller ;
Mais quel instant fatal, pour me le conseiller !
Quand son inimitié haûtaine & satisfaite
Pleinement, devant Tous, joüit de ma défaite,
Et, pour mieux m'enfoncer le poignard dans le cœur,
D'un respect outrageant prend le voile imposteur !

ELVIRE.

Lui, de l'inimitié ! La vôtre vous abuse.
Eh surquoi donc, Seigneur, faut-il qu'on l'en acuse ?
Je l'observois. Ses yeux, ses gestes n'ont eû rien....

D. PEDRE.

N'ont eû rien qui démente un sang tel que le sien.
L'ai-je moins observé ? Les sentimens du Traître
N'avoient pas atendu si long-tems à paroître.
Avant que vous vinssiez, près de moi s'informant
Des lieux où nous étions, Moi, Vous, & votre Amant,
Il a sçû mon naufrage & la mort de D. Sanche.
Mon âge est clairvoyant, & la Jeunesse est franche.
J'ai vû, j'ai vû la joie éclater dans ses yeux.
Il prenoit, à m'entendre, un plaisir odieux.
L'Inhumain comparoit sa gloire à ma misère ;
Et pour Lui cette gloire en devenoit plus chère.
Sont-ce-là les vertus, m'étois-je déja dit,
Que me vante[48] *Aguilar, & qu'Elvire aplaudit ?*

---

[48] 1757: 'me van e Aguilar'.

Et quand votre présence anonce enfin la mienne,
Son propre honeur n'est plus un frein qui le retienne.
Le Perfide aussi-tôt vous enléve un Epoux,
Jètte un frivole obstacle entre le Trône & Vous,
(Simple délai d'abord, bien-tôt rupture entière)
Rend ma parole un jeu de sa puissance altière ;
Et s'imagine encor qu'après un tel afront,
Jamais à le servir je ne serai trop prompt.
Moi, te suivre, Cortès ! Ta voix envain m'apelle :
Cette main s'armeroit plûtôt pour la querelle
Du Ministre insolent de la barbare Loi
Qui, demandant ma mort, demande moins que Toi.

ELVIRE.

Que diriez-vous, Seigneur, si ce jeune courage,
De tout ce qu'il a fait vous réservoit l'homage ?
Si revenant à Nous, avec empressement,....

D. PEDRE.

Nous préserve le Ciel d'un tel abaîssement !
Je le désire encor[49] moins que je ne l'espère ;
Non, non ! Qu'il soit pour Nous ce que seroit son Père ;
Et que se repentant de son dernier exploit,
Il signale à son gré la haine qu'il nous doit.
C'est le seul sentiment que nous puissions lui rendre ;
Le seul aussi de Lui que nous devions atendre.
Il nous le prouve assez. Mais peutêtre à son tour,
Me conoîtra-t'il mieux avant la fin du jour.
De mon sort croit-il être impunément l'Arbitre ?
Ne suis-je donc ici qu'un Vagabond sans titre ?
Honoré des secrèts de mon Maître, & du sien,
Pour la fierté du rang, je ne lui cède en rien.
Reconu des Soldats, j'en deviens l'espérance.
Sa course téméraire a lâssé leur vaillance :
A ne pas reculer Lui seul est obstiné ;
Et si je dis un mot, il est abandoné.

ELVIRE *éfrayée.*

Votre couroux voulant du moins être équitable,
S'instruira mieux avant un coup si redoutable.

---

[49] 1757, 1758: 'désir encor, moins'.

D. PEDRE.

Quel que soit mon couroux, je vois qu'il vous déplaît.
Serions-nous donc ici divisés d'intèrêt ?

ELVIRE.

Moi, mon Père, en avoir de plus chèrs que les vôtres ?[50]

D. PEDRE.

J'ai pourtant mes projèts ; & vous en avez d'autres.

ELVIRE.

Je crois que mes projèts sont les vôtres, Seigneur,
Quand ils sont animés du soin de votre honeur.
D'un sentiment si pur c'est la force invincible
Qui m'afermit la voix en ce moment terrible,
Où j'ose ouvrir la bouche[51] en faveur de Cortès ;
Et porter, malgré Vous, votre cœur à la paix.
Il a saûvé vos jours & ceux de votre Fille.
Tout ce qui désunit l'une & l'autre Famille,
Ne sauroit plus, en Nous, balancer un instant,
De cet heureux Guèrrier le service important.
Ses Soldats mécontens sont tout prêts à vous suivre :
Un mot, quand vous voudrez, le perd & vous les livre ;
Mais que publieroit-on d'un pareil atentat ?
Cortès fut généreux : & D. Pèdre, un ingrat.
Le Conquérant orné des vertus les plus râres,
Saûva son Ennemi de la main des Barbâres ;
Et Lui-même, à son tour, d'Eux tous environé,
Par Celui qu'il saûva, leur fut abandoné !
Ah plûtôt, rejetons un bienfait si funeste !
La vie est, à ce prix, un bien que je déteste.
Dés-aprouveriez-vous des sentimens d'honeur
Que vos leçons, mon Père, ont gravés dans mon cœur ?

D. PEDRE.

Conservez-en la noble & constante habitude ;
Mais débarassez-vous de cette inquiétude ;
Quand je ne m'en sens point, est-ce à vous d'en avoir ?
Reposez-vous sur Moi des règles du devoir.

---

[50] 1757, 1758: 'les vôtres, | D. PEDRE'.
[51] 1757 reading; 1758: 'la bouehe en'.

Cortès fut généreux, faûte de nous conoître.
Dès-qu'il nous a connus, il a cèssé de l'être.
Et s'est peu soucié que j'eûsse, sur sa foi,
Engagé votre main & ma parole au Roi.
En disposant de l'une, il s'est joüé de l'autre ;
Dès-lors, il a blessé mon honeur & le vôtre ;
Dès-lors, je méconoîs notre Libérateur ;
Et l'Ofenseur éface en Lui le Bienfaicteur.

ELVIRE.

Seigneur !.... Que j'ose enfin....

D. PEDRE.

N'osez rien d'inutile !

ELVIRE.

Mon Père, écoutez-moi d'un esprit plus tranquile.

D. PEDRE.

Peutêtre ai-je êcouté plus que je n'aurois dû.

ELVIRE.

Ah, vous jettez l'éfroi dans un cœur éperdu
Qui pouroit vous flèchir par un aveu sincère !

D. PEDRE.

Vous avez des secrèts qu'ignoroit votre Père ?

ELVIRE *tombant à ses genoux.*

Mon cœur entre vos mains, ne sauroit être mieux ;
Mais la moindre foiblesse est un crime à vos yeux.

D. PEDRE *la relevant.*

Rassurez-vous. Parlez : quelle est cette foiblesse ?

ELVIRE.

C'est la douleur de voir que d'un jour d'alégresse
Qui pouvoit de mes jours être le plus heureux,
Votre haine inflèxible en fait le plus afreux.
J'espérois....

D. PEDRE.

   Etre Reine : & j'aprouve tes larmes.
Mais⁵² crois-tu, si le Trône eût pour Toi quelques charmes,
Qu'à mes yeux ta fortune aît ofert moins d'apas ?
Je mourrois de douleur, si tu ne règnois pas ;
Si tu perdois l'honeur d'éfacer dans l'histoire,
L'Ennemi qui nous croit ofusqués de sa gloire ;
Et si l'on ne devoit à mon Sang, à ta main,
Un Monde que, sans Nous, il eût conquis envain.
Je rejoins Montézume. Espère tout encore
D'un Père ambitieux, & d'un Roi qui t'adore.

ELVIRE.

Juste Ciel !

D. PEDRE.

   Les momens sont précieux. Rentrons.
Vous règnerez, ma Fille ; & nous triompherons.

   Fin du troisième Acte.

---

⁵² 1757: 'larmes. | Ma s crois-tu'.

ACTE IV.
SCENE PRÉMIERE.
MONTÉZUME.

Lugubres Messagers des vengeances célestes,
Spèctres persécuteurs, Tableaux noirs & funestes,
L'Amour vous avoit fait disparoître un moment ;
L'Amour vous fait renaître avec acharnement.
Quel surcroît à mes maux ! L'Amour ! Une foiblesse,
Dont j'eûsse rougi, même au sein de la molesse !
Un lien qui des Rois doit être détesté !
L'Ecueil de la Sagesse & de la Majesté !
L'Amour ! Égarement d'autant plus déplorable,
Que je m'y laîsse aller, hélâs, quand tout m'acable !
Quand pour Moi, quelque vœu que je forme en mon sein,
Le Ciel & tous les cœurs sont devenus d'airain !
De nos autels sanglans le Défenseur impie
Livre au bras sacrilège & mon Trône & ma vie.
Mon Peuple qu'il séduit, devient sourd à ma voix.
Je m'étois fait du moins un bonheur à mon choix.
Il m'eût sufi de plaire à la belle Etrangère.
Et je lui fais horreur ! Qu'importe que son Père
En ma faveur exerce un pouvoir inhumain ?
Dès-qu'elle se refuse, il me l'acorde envain.
Pour la prémière fois, je ressens, quand on aime,
Qu'un vain titre d'Epoux n'est pas le bien suprême ;
Et que l'on n'est qu'à peine à demi possesseur,
Si, maître de la main, on ne l'est pas du cœur.
Le tems m'eût obtenu l'un & l'autre peut-être.
Mais mon plus ferme Apui, le Fléau du Grand-Prêtre
Le Même à qui tantôt cet himen avoit plû,
Cortès, dit-on, s'opose à ce qu'il a voulu.
Je le cherche ; & crois voir en éfèt qu'il m'évite.
D'un mot, il calmeroit le trouble qui m'agite.
Il vient. Retirons-nous pour observer de loin
L'instant où je pourai l'aborder sans témoin.

SCENE II.
CORTÈS, AGUILAR.
AGUILAR.

L'honeur, vous le voyez, me forçoit au silence.
J'eûsse, à vos feux dumoins, prèté quelque assistance,
Mais D. Pèdre est rempli de tout autres desseins ;
Vous-même, en l'y portant, m'avez lié les mains.
Et vous sçavez d'ailleurs la haine invétérée
Que de nos deux Maisons les Chefs se sont jurée ;
De flèchir Celui-ci j'ignore le moyen ;
Trouvez-le toutefois ; ou n'espérez plus rien.

CORTÈS.

Oui, je le flèchirai ; mais veüillez[53] me le dire,
Sera-ce prendre un soin qui touche encore Elvire ?

AGUILAR.

Repâssant de chez Lui dans son apartement,
Elvire va paroître ici dans un moment.
Vous vous expliquerez. (*Il sort*)

SCENE III.
CORTÈS.

    Que faut-il que j'en croie ?
Ma vive inquiétude est égale à ma joie.
J'ai revû ce que j'aime. Heureux si je revoi
Celle qui mérita mes travaux & ma foi !

SCENE IV.
CORTÈS, MONTÉZUME.
MONTÉZUME.

Je vous cherchois, Seigneur, avec impatience,
Pour aprendre de Vous ce qu'il faut que je pense
Des bruits nouvellement parmi Nous répandus.

---

[53] 1757, 1758: 'mais veüillez, me'.

CORTÈS *à part.*

Elvire ! Loin de Vous, que de momens perdus !

MONTÉZUME.

L'Art de feindre, dans l'une & dans l'autre fortune,
N'étant que l'art d'une Ame ou perfide ou comune ;
Je demande & je cherche un éclaircissement,
Sans employer ni craindre aucun déguisement.
Vous prèssiez le bonheur de l'ardeur la plus tendre ;
Et tout à coup, Seigneur, on vous le voit suspendre.
Les choses ont leur tems sans doute & leurs saisons ;
Et vous m'avez donné de plausibles raisons
Qui d'abord ont plié mes volontés aux vôtres :
Mais D. Pèdre me dit que vous en avez d'autres ;
Et d'une vieille haine, en le reconoîssant,
Que vous avez suivi l'intérêt toutpuissant.
Ma médiation ne peut-elle être oferte ?
Pour le désobliger, conjurez-vous ma perte ?
Et le haïssez-vous avec tant de fureur,
Qu'à ce prix, vous vouliez….

CORTÈS.

D. Pèdre est dans l'erreur.
Je l'estime, & l'honore, & l'aime, & le respecte.
L'assurance bientôt n'en sera plus suspecte ;
Et vous vèrrez alors combien il est peu vrai
Qu'un mouvement de haîne aît eû part au délai.
Sont-ce là cependant, puisqu'il faut le redire,
Sont-ce les soins d'un Roi contre qui l'on conspire ?
Le Grand-Prêtre prétend vous avoir détrôné :
De sa main, dans le Temple, un autre est couroné ;
Et du Peuple, aux autels, la barbare alégresse
Fait que, pour un moment, toute hostilité cesse ;
A quoi le perdez-vous ce précieux moment ?
Aulieu d'agir en Prince, à vous plaindre en Amant ?
A laîsser refroidir la valeur incertaine
De Ceux que sur vos pas quelque pudeur entraîne,
Et qui seront bientôt les prémiers ataqués
Dans les Postes d'honeur que je leur ai marqués ?
S'ils vous doivent leur foi, vous leur devez l'exemple.
Courez donc à leur tête ; & qu'au sortir du Temple,
Le Peuple en vous voyant éprouve cet éfroi

Qu'inspire aux Factieux l'auguste front d'un Roi.
Non qu'ici, contre Tous, seul je ne vous sufise ;
Mais ayez quelque part à ma noble entreprise ;
Ne tenez pas le scèptre à titre de bienfait ;
Et qu'il ne soit pas dit que mon bras a tout fait.

MONTEZUME.

Non, Seigneur, non ; le mien aura part à la gloire.
Je n'ai pas jusqu'ici donné lieu de le croire.
Par un prodige afreux, dés-longtems menacé,
D'une secrète horreur je me sentois glacé.
J'avois pris en dedain & le Trône & la vie.
Grâce à plus d'un espoir dont mon ame est ravie,
L'un & l'autre m'étant devenu précieux,
Je saurai mériter l'un & l'autre à vos yeux….

(*Allant au-devant d'Elvire qui entre.*)

SCENE V.

MONTÉZUME, CORTÈS, ELVIRE.

MONTÉZUME *continuë*.

Reine (car vous règnez, puisque je vis encore)
Que d'un regard plus doux votre bonté m'honore !
L'Amant avoit du Prince oublié le devoir.
Sur un Trône ébranlé je vous faisois asseoir.
Le refus étoit juste, & l'ofre, téméraire :
C'est à Moi de rougir d'avoir osé la faire ;
A Moi, de ramener mon Peuple à vos genoux ;
Et de ne revenir qu'en Roi digne de Vous.

SCENE VI.

CORTÈS, ELVIRE.

CORTÈS *se voyant libre, & tombant aux pieds d'Elvire.*

O présage assuré du triomphe où j'aspire !
Au moment du combat, je suis aux pieds d'Elvire !
D'Elvire qui de loin m'anima tant de fois,
Et dont l'Image seule a fait tous mes exploits !
Elvire ! Chère Elvire ! Est-ce Vous ?

ELVIRE.

Malheureuse !
Sous quel Ciel ennemi, dans quelle Terre afreuse,
Au pied de quels Autels m'a conduite le sort !

CORTÈS.

Après un long orage, il nous montre le Port.

ELVIRE.

Hélâs, qu'il me vend chèr sa faveur imprévuë !

CORTÈS.

Ne bénissez-vous pas une heureuse entrevuë
Que notre amour jamais ne devoit espérer ?

ELVIRE.

L'Amour n'entre en nos cœurs que pour les déchirer.

CORTÈS.

Que pour les déchirer ! Pour qui donc cette plainte ?

ELVIRE.

Pour Qui !

CORTÈS.

Faites cesser mon espoir ou ma crainte.
Au-delà du trépas, D. Sanche est-il heureux ?
Le regrèteriez-vous ?

ELVIRE.

Ingrat ! Qui de nous deux,
En ce funeste jour de trouble & d'épouvante,
Dut à l'autre[54] inspirer une crainte ofençante :
Ou de Moi qu'un Monarque aime & poursuit envain,
Ou de Vous qui pour Lui disposiez de ma main ?

CORTÈS.

Ah ne vous armez pas de cette erreur extrême !
J'étois moins traître à Vous, mile fois qu'à Moi-même.
Moi, céder votre main ! Moi qui, pour l'obtenir,

---

[54] 1757 reading; 1758: 'Dut àl 'autre inspirer'.

Ai fait plus que jamais n'en croira l'avenir !
Moi qui, ce jour encor, vous croyant infidèle,
Arêtois mes Soldats dont la valeur chancèle,
Sans rien envisager dans mes nouveaux projèts,
Que le stérile honeur d'exciter vos regrèts.

ELVIRE.

Que je me plaigne au moins de cette erreur extrême
Qui vous rendoit injuste à Vous, comme à Moi-même !
Mon cœur est-il un cœur, pour qui sçut l'aquérir,
Moins facile à garder, qu'un Monde à conquérir ?
Ne m'aviez vous pas dit en essuyant mes larmes,
Que notre flame auroit même sort que vos armes ?
Chacun de vos exploits sèrroit donc nos liens ;
Et, remplissant vos vœux, vous répondoit des miens.
Ah, quand des Mèxiquains la splendide ambassade
Étona de sa pompe & Tolède & Grenade,[55]

---

[55] Whilst Toledo was the location of Charles I's court, from 1492 the Alhambra at Granada had also been an important royal palace. Nevertheless, this is a puzzling reference. Historically, there was certainly no diplomatic mission by native Mexicans to Spain at this time. Although López de Gómara mentions Mexican ambassadors on a number of occasions in the build-up to Cortés's meeting with Montezuma, their ambassadorial mission is limited to encounters with Cortés himself, who is already in Central America. López de Gómara does describe how, before destroying his ships and setting out for the city of Mexico, Cortés sent a deputation of his own representatives back to Spain to keep the Emperor informed of his progress: 'Cortés voulant rendre compte à l'Empereur de tout ce qui s'estoit passé en ce pays iusques à present, depescha vers sa Maiesté Alonso Fernandez Porto Carrero, & François de Monteio, auec le pilote Antoine Alaminos pour lui faire ample recit de tout ce qu'ils auoient descouuert, & pour lui presenter le quint de tout ce qu'il auoit gaigné' (*Histoire generalle*, p. 78b). The men concerned are Alonso Hernández Puertocarrero, Francisco de Montejo y Álvarez, and Antón de Alaminos, and since their mission did bring the news of Cortés's reputation and the riches mentioned by Elvire, it is presumably this to which Piron refers. López de Gómara gives no indication that the Spaniards took native Americans with them, but neither does he recount that, after Cortés's alliance with the Totonacs, Puertocarrero was given the daughter of their king Cuesco, who was baptized Doña Francisca, so it is not impossible that she and other Totonacs were present. Neither the news nor the treasure was related to the city of Mexico, however, since Cortés had not yet arrived there, and this is certainly not an ambassadorial mission to Spain by either Mexicans or even other Central Americans as implied by the text. Of course, given that the plot involving Elvire and her father is entirely fictional, this could be simply another invention by Piron; and yet, it seems such an odd thing for him to add for no historical reason, since the notion that the Mexicans crossed the Atlantic to Spain both contradicts their awe at the fact that the Spaniards have ships that can make such a journey and significantly reduces the impact of the enterprise and daring of Cortès's mission.

Que du tribut d'un Monde ignoré jusqu'alors,
Le Tage enorgueilli vit grôssir ses trésors,
Et qu'un si beau triomphe avant-coureur du nôtre,
Reporta votre nom d'un Hémisphère à l'autre ;
Que ne me voyïez-vous ? Quel état ravissant !
Je vous tendois les bras. Vous n'étiez plus absent.
Un grand Homme est partout où se répand sa gloire.
Nous nous réünissions au sein de la victoire ;
Sur son Char que suivoient mile Peuples domptés,
Déjà je me croyois assise à vos côtés
D'où j'entendois de Charle & l'un & l'autre Empire
Porter aux Cieux les noms de Cortès & d'Elvire.
  La Nuit la plus profonde éclipsa ce beau jour.
Mon Père, en ce moment, reparoît à la Cour,
Et dans le désespoir me rejète & me plonge.
Nous fumes, un instant, couronés par un songe.
Le plus mortel poison distila de ces fleurs.
Ce ne fut plus qu'ennuis, qu'amertumes, que pleurs ;
Qu'abîmes sous nos pieds, que foudres sur nos têtes ;
Que ce que je retrouve ici même où vous êtes !

CORTÈS.

Il n'est plus, où je suis, qu'Ennemis foudroyés,
Que lauriers sur nos fronts, & que Rois à nos pieds.
Que parlez-vous d'ennuis, de pleurs, & d'amertumes ?
Comparez notre état à l'état où nous fumes.
Que d'obstacles se sont depuis aplanis tous !
Plus de Mers, de Rivaux, d'infortune entre Nous.
Voici de nos malheurs le terme désirable.
Elvire ici présente est l'Astre favorable
Dont l'aspect me devoit en garentir la fin.
Ce mirâcle manquoit à mon heureux destin.
Ma passion pour Vous, échaûfant mon courage,
D'une vaste conquête a comencé l'ouvrage ;
Pour l'achever sans doute, il ne faloit pas moins
Que vos jours à défendre, & vos yeux pour témoins.

ELVIRE.

Vantez moins de mes yeux l'éfèt & la puissance.
Témoins de tant d'amour & de tant de vaillance,
Ils n'en auront été qu'un instant mieux ouverts,
Sur ce que vous valez, & sur ce que je perds.

CORTÈS.

Me perdre !

ELVIRE.

Pour jamais.

CORTÈS.

Que craignez-vous, Madame ?
L'aveu dont j'ai du Roi favorisé la flame ?
Fragile engagement que l'erreur a formé.
Quand il en sera tems, de mes droits informé,
Croyons, pour son honeur, que se rendant justice,
Il nous fera des siens le noble sacrifice ;
Ou, pour plus de repos & de tranquilité,
Croyez que s'il usoit de pleine autorité,
Bientôt, à sa ruine, il l'auroit usurpée.
Il sçait ce que le scèptre ici doit à l'épée ;
Il sçauroit, s'il osoit jusques-là m'ofenser,
Qu'un Trône qu'on relève, on peut le renverser.
Et je n'avance rien en Soldat téméraire.
Ce que j'ai fait répond de ce que je puis faire.
L'amour a fait ma force ; & la force à son tour,
S'il y faut recourir, fera tout pour l'amour.

ELVIRE.

Quand du Roi secondé par un Père inflèxible,
L'Amour pouroit, pour Vous, se rendre aussi terrible
Que, pour Lui, jusqu'ici vos armes l'ont été,
Croyez qu'ainsi que Vous j'ai de la fermeté,
Et là dessus Vous-même ayez l'ame tranquile.
Eh, n'ai-je pas toujours le Temple pour azile,
Et ces mêmes autels où, sans votre valeur,
En ofrande, à l'Idole, on présentoit mon cœur ?
Vous m'y vèrriez rentrer, & rentrer avec joie.
Ce cœur s'y feroit voir tel qu'il veut qu'on le voie,
Vraîment digne du vôtre. Honeur, hélâs, moins doux,
Mais aussi grand pour Moi que celui d'être à Vous.

CORTÈS.

Loin de Nous cette image & funeste & frivole !
La Victoire m'atend, chère Elvire ; & j'y vole.

ELVIRE *le retenant.*

Trop de sécurité ne vous séduit-il point ?
Craignez....

CORTÈS.

J'espère tout du Ciel qui nous rejoint.

ELVIRE *le rapelant encore.*

Écoutez-moi, Cortès ! (*bas*) Est-ce à Moi de lui dire
Que mon Père peut-être en ce moment conspire ?

CORTÈS.

Hé quoi, toujours des pleurs !

ELVIRE.

Vous ne l'ignorez pas :
Le danger ici naît & renaît sous vos pas.

CORTÈS.

Encore un coup de foudre ; & l'Hidre est étoufée.[56]

ELVIRE.

Des Héros ont péri couverts de leur trophée.

CORTÈS.

Contre quels Ennemis vais-je donc m'éprouver ?
Ne me les vit-on pas cent & cent fois braver ?
Mon courage inactif se lâsse de leur fuite.

ELVIRE.

Conoîssez-vous tous Ceux que ce jour vous suscite ?

CORTÈS.

Dût toute l'Amérique armer contre mon bras,
J'ai pour Moi la Fortune, Elvire, & mes Soldats.

---

[56] The Hydra of Lerna was a many-headed monster of Greek legend which, according to some versions of the myth, regrew two (or even three) heads each time one was cut off, hence its use as a symbol of a danger which is constantly growing and regrowing. It was killed by Heracles, who defeated it by cauterizing the stump with fire each time he severed a head.

ELVIRE.

La Fortune toujours à nos vœux répond-elle ?
Des Soldats, dites-vous, le courage chancelle ;
Ils vouloient vous quiter.

CORTÈS.

     Il est vrai ; mais depuis
On les a vûs au Temple où je les ai conduits.
Que sera-ce, D. Pèdre étant leur Capitaine ?

ELVIRE.

Ce que nous vous devons semble acroître sa haine.

CORTÈS.

Apellez autrement un courageux dépit.
D. Pèdre a l'ame haûte ; & sa fierté gémit.
Mais il va me conoître ; & je veux qu'il oublie
Les chagrins dont mon Père empoisona sa vie.
Je sortirai pour Lui d'un sang moins odieux,
Lui prouvant à quel point le sien m'est précieux.
Il ne vèrra qu'amour, respect, obëïssance.
En ce Climat barbâre il n'a pas pris naissance.
Chrétien, Père d'Elvire, Espagnol, & Guèrrier,
Sans doute il est encor plus généreux qu'altier.
En Espagne, après tout, d'une sainte promesse,
Chaque jour, votre bouche honoroit ma tendresse ;
J'y vivois trop heureux, vivant à vos genoux ;
J'ai donc passé les Mers plus pour Lui que pour Vous.
En cherchant les dangers, je cherchois son estime.
Je l'aurai méritée ; il sera magnanime.
Nations, Elémens, j'ai tout vaincu pour Lui ;
Et devant son grand cœur, j'échouërois aujourd'hui ?

ELVIRE.

Ce que pour Nous a fait votre valeur insigne
De toute[57] notre amour ne vous rend que trop digne :
Mais du fatal Himen conclu sur vos avis,
Sa grande ambition s'étoit beaucoup promis.

---

[57] When the word 'amour' referred to a specific passion experienced by one person for another, it could at this period be either masculine or feminine, although the use of the feminine was increasingly confined to verse, and would eventually disappear.

En nous reconoîssant, vous faites que tout cesse ;
Et ne soupçonant rien du motif qui vous presse,
Il impute à la haine un changement si prompt ;
Se le peint des couleurs du plus sanglant afront ;
Et delà, ne mèt plus de borne à sa colère.

CORTÈS.

Et je n'ai pas trouvé la Fille aux pieds du Père,
Ardente en ma faveur à le désabuser ?

ELVIRE.

M'a-t-il laîssé le tems, la force de l'oser ?
A vous justifier tantôt déterminée,
Ici même à ses pieds tremblante & prosternée,
Cent fois j'ai voulu dire : *il m'aime* ; & ne l'ai pû.
Je ne sçais dans mon cœur s'il avoit déjà lû ;
Je ne sçais s'il ne suit qu'un sentiment farouche ;
Mais d'un mot éfrayant il m'a fermé la bouche.
Ah Cortès ! Quel dessein roûle dans son esprit !

CORTÈS.

Il cherche un beau trépas : Aguilar me l'a dit.
Ne vous alarmez point de sa funeste envie ;
On sçaura malgré Lui prendre soin de sa vie....
Adieu, Madame. Mais que vient-on m'anoncer ?

SCENE VII.

CORTÈS, ELVIRE, AGUILAR, *Oficiers Espagnols*.

CORTÈS.

Hé bien, faut-il combatre ?

AGUILAR.

Il y faut renoncer.
Nos Soldats aprenant l'ofre qu'on vous a faite,
Acçèptent le parti d'une prompte retraite.
Il faut, Cortès, il faut vous y résoudre aussi,
Ou vous déterminer à rester seul ici.

ELVIRE *à part*.

Père cruel !

CORTÈS *aux Espagnols*.

Amis, je doute si je veille.
On dit que vous fuyez ; & l'on me le conseille.
L'afront puisse-t-il être à jamais ignoré !
Suivez-moi, venez vaincre ; & tout est réparé.

AGUILAR.

De votre voix, longtems, le pouvoir invincible
Leur fit braver la mort & tenter l'impossible ;
Ce jour, au Temple encore ils vous ont suivi Tous.
Mais le danger présent l'emporte enfin sur Vous.
Profitez de l'azile & du tems qu'on nous laîsse :
Compagnons, Ennemis, Amis, tout vous en presse.
Voulez-vous nous conduire ? On vous obëira.
Si vous le refusez ; D. Pèdre y supléera.

CORTÈS.

Lui ! D. Pèdre ! On l'outrage en le croyant capable
De se rendre le Chèf d'un complot si coupable.

AGUILAR.

Ce n'est point un complot ; c'est un projèt sensé
Par ma voix, ce jour même, à vous-même anoncé.

CORTÈS.

J'ai dit ce que j'en pense ; & quand je le rejète,
D. Pèdre pour me perdre, y défère, & s'y prète.
D. Pèdre ! Sans douleur je n'y puis réflèchir.
Lui que j'avois armé ! Lui que j'allois flèchir !
Juste Ciel, Qui l'eût crû ! Votre Père ? Ah, Madame !

ELVIRE.

Ne vous étonez plus du trouble de mon ame,
Ni de ces pleurs qu'ici vous m'osiez reprocher.
Ils m'étoufent la voix ; & je vais les cacher.

SCENE VIII.

CORTÈS, AGUILAR, *Oficiers Espagnols*.

CORTÈS.

Mon ame, je l'avouë, interdite & confuse....

AGUILAR.

Que dirai-je aux Soldats ?

CORTÈS.

Dites que je refuse,
Comme j'ai refusé toujours, l'indigne emploi
De trahir & leur gloire & la mienne & mon Roi.
Allez ; ils murmuroient : ils rougiront peut-être.

AGUILAR.

De quoi rougiroient-ils ? Vous devez me conoître.
S'ils osoient proposer rien qui leur fût honteux,
Je ne porterois pas la parole pour Eux.
Il est beau d'afronter un péril nécessaire ;
Mais la honte acompagne un malheur volontaire ;
Et ce malheur n'est plus, dès-qu'il est mérité,
Qu'un juste châtiment de la témérité.
Je porte mes regards sur l'éfèt & les suites
Qu'auroit notre courage aveugle & sans limites,
En s'opiniâtrant sur ce funeste Bord.
Je vois, pour tout succès d'un long & râre éfort,
Dans ces lieux investis la flame se répandre,
Nos noms ensevelis avec eux sous la cendre,
Et sur l'afreux somèt des Temples & des Tours
Par ces Monstres pour Nous moins Hommes que Vautours
Nos armes, nos Drapeaux, nos Têtes exposées ;
Pour y servir d'Objèts d'éternelles risées.
Est-ce-là donc un prix si glorieux, si doux,
Que l'orgueil espagnol en doive être jaloux ?
Seigneur, je n'ai ni l'art, ni le talent frivole
De plier les Esprits au joug de la parole ;
Mais elle est inutile où tout parle à vos yeux.
Osez les arrêter sur ce Temple odieux,
Sur ses murs empestés où s'ofre en étalage
Du sort qui nous atend l'épouventable image ;
Sur ce Peuple innombrable armé pour ses autels,
Cruel Emulateur de Prêtres plus cruels
Dont la vengeance vouë à l'Idole insultée,
De nos cœurs palpitans l'ofrande ensanglantée,
Et déjà se dispose à l'horrible festin
Où nos membres épars... Vous frémissez enfin.
Tremblez donc ; & sçachez ralentir votre course.

Contre tant d'Ennemis quelle est votre ressource ?
De Guèrriers mutilés un reste languissant,
Qui ne regarde plus ce Ciel qu'en gémissant,
Pour qui la gloire & l'or ne sont plus des amorces,
Dont le dernier exploit vient d'épuiser les forces,
Et qui de tant d'horreurs lâs d'être le témoin,
Même au-delà des Mers, s'en croiroit trop peu loin.
Et quand, pour y voler sous vos heureux auspices,
Nous avons le moment, l'onde, & les vents propices ;
Quand votre amour pour Nous se devroit signaler ;
C'est Vous qui, le prémier, nous voulez immoler ?...
 Vous ne m'écoutez plus. Il est tems de me taire.
Déjà l'ombre se mêle au jour qui nous éclaîre.
La nuit fera tomber les coups que l'on suspend.
Songez-y. (*aux Chefs*) Près du Lac, D. Pèdre nous atend ;
Partons ; & lâssons-nous d'un zèle qu'on méprise.

CORTÈS.

Arêtez ! La retraite est encore indécise ;
Et quand vous serez prèts tous à m'abandoner,
Peut-être aurai-je encor des ordres à donner.
 Voilà donc ces Guèriers qui, de l'Andalousie,
Devoient par le Couchant débarquer en Asie ;[58]
Et qui ne concevoient, dans leur prémier desir,
De borne à la valeur que le dernier soupir ?
Des Mers, s'écrioient-ils, franchissons la barière,
Et parcourons du Jour l'une & l'autre Carière !
Nous te suivons, Cortès ! Conduis-nous à travers
Les frimats, les rochers, les bancs, & les déserts !
Remontant sous nos Cieux, que de fleurs couronée,
Vers l'Orient encor la Poupe soit tournée,
Et trace, autour du Globe, un glorieux sillon
Qui fixe le Soleil sur notre Pavillon !
Tels étoient vos projèts. Je vous crus. Nous partimes.
Les ai-je mal remplis ces projèts magnanimes ?
Ne respirons-nous pas sous des astres nouveaux ?
Une richesse immense a payé vos travaux :
Je ne me réservois que la gloire en partage :
Le bruit en a volé jusqu'aux rives du Tage.

---

[58] The discoverers of the Americas were indeed seeking a westward route to Asia, and that search continued, but Cortés crossed the Atlantic not with this aim, but to colonize and subdue the New World.

Quelle honte pour Vous, quand on y va sçavoir
Qu'une peur insensée a trahi mon espoir !
Car enfin votre peur peut-elle être excusable ?
Et qui redoutez-vous ? Un Peuple méprisable,
Foible, mal aguèri, lâche autant qu'inhumain.[59]
Vous fuyez ! & fuyez les armes à la main !
Quelles armes encore ? A peine elles éclatent,
Que, pour Vous, le désordre & la terreur combatent.[60]
Ce ne sont plus vos coups ni de simples hazards :
C'est Dieu lui-même assis sur vos saints étendards,
Qui, d'un feu meurtrier image du tonerre,
Épouvante & ravage une coupable Terre
Aussi digne d'horreur par son Peuple assassin,
Qu'indigne des trésors qu'elle enferme en son sein.
Hé quoi ? La faim, la soif, les ondes surmontées,
De tant de Nations si vaillament domptées,
L'Aliance, l'homage, & les tributs oferts,
Au milieu de sa Cour le Roi mis dans les fers,
L'Idole, aux yeux du Peuple, à nos pieds renversée,
De ses Prêtres impurs la foule, ou dispersée,
Ou, sous le fer vangeur, expiant ses forfaits ;
Sont-ce-là des exploits à laîsser imparfaits ?
A vos engagemens soyez donc plus fidèles.
La Victoire, sur Nous, a déployé ses aîles.
Achevons notre ouvrage ; & ne reculons pas,
Quand, pour le couroner, il ne faut plus qu'un pas.
Des fiers Américains l'hostilité sauvage
Ose nous anoncer la flame & le ravage ;
Audace contre audace ! Imitons le Romain
Qui se rendit l'éfroi du Rivage Afriquain.

---

[59] Piron presumably refers not to the reputation of the Mexicans in the brutal warfare between the various Central American tribes, where these accusations could certainly not be levelled against them, but to their behaviour in the face of the arrival of the Spaniards, first of all using diplomacy to try to turn them back, but, when this failed, unwisely welcoming them into their city. See Inga Clendinnen's useful chapter on the Aztec attitude to warfare with other Central American tribes, 'Warriors, Priests and Merchants' (*Aztecs: An Interpretation* (Cambridge: Cambridge University Press, 1991), pp. 111–40). Michael E. Smith writes of how the Spaniards, terrifying Montezuma's messengers by the firing of a cannon, caused him to take the disastrous decision to wait before confronting them (*The Aztecs*, 2nd edn (Oxford: Blackwell, 2003), p. 273); the Spaniards' use of firearms, which, until then, were unknown in the New World, clearly played a significant role in their victories over the Central Americans.
[60] Another reference to the Spaniards' firearms.

Que notre Flote, espoir d'une honteuse fuite,
Par Nous-mêmes en cendre à leurs yeux soit réduite ;
Et que l'Ennemi juge, à cet embrâsement,
Si de sa fermeté l'Espagnol se dément....[61]
    Est-ce ainsi que la vôtre aujourd'hui se signale ?
Quelle glace ! Où donc est cette ardeur martiale,
Où sont ces cris de joie & ces nobles transports
Si constament suivis de tant d'heureux éforts ?
L'abatement partout se présente à ma vuë !
Ma voix, dans un Désert, semble s'être perduë !
Du chemin de l'honeur Tous se sont écartés !
Je reste seul ! Hé bien, je serai seul. Partez.
L'Or fut l'unique objèt pour qui vous soupirates !
Vous me suivites moins en Guèriers, qu'en Pirates !
Vous êtes enrichis, & vous vous éfrayez :
Partez ! D'autres auront l'honeur que vous fuyez.
Les cent Tlascaliens saûvés du sacrifice,
Ceux des Leurs qui devoient m'aîder à cet ofice,
Le peu de Mèxiquains resté fidèle au Roi,
Pour la gloire du Mien, je ne veux qu'Eux & Moi.
Mèttez bas toute honte ; étoufez tous scrupules ;
Allez désabuser des Nations crédules
Qui, tant qu'on vous a vûs hardis & triomphans,
Du Soleil adoré vous nomoient les Enfans !
Allez, d'un nom si beau démentant la noblesse,
Montrer à Tézeuco toute votre foiblesse ;
Gémir en Suplians, où vous parliez en Rois ;
Et demander azile, où vous doniez des lois !
Partez ! Et si, pour Vous, l'estime refroidie
Ne va pas du mépris jusqu'à la perfidie,
Glorieux d'un butin dont je fus peu jaloux,
Retournez en Espagne alors : & vantez-vous

---

[61] There are two possible classical models here, which, indeed, Piron may be conflating: the Roman emperor Julian burnt his fleet after crossing the Tigris into Persia, not Africa, whilst Agathocles of Syracuse, a Greek, not a Roman, even though he was from Sicily, burnt his fleet whilst on campaign in Africa against Carthage. That Cortés burnt his fleet is a feature of many retellings of his story, and was obviously known to Piron, but is not found in López de Gómara, who instead seems to suggest that the fleet was sunk by turning it sideways on to the wind: 'Cortés commanda que les neuf vaisseaux qui lui restoient, donnassent à travers, à fin d'oster toute esperance à ses soldats de plus retourner en arriere' (*Histoire generalle*, p. 78b). Nevertheless, the suggestion that the destruction of the fleet should be carried out at this point and that the Mexicans would be influenced by seeing it gives the impression, again, that Piron has not taken account of just how far from the sea the city of Mexico was.

D'avoir abandoné votre Chèf aux Barbares ;
Ce Chèf à qui l'on dut des dépoüilles si rares ;
Qui vous fit surmonter tant de périls divers ;
Qui, de son propre corps, vous a cent fois couverts ;
Qui veut même en partant vous en couvrir encore.
Oui ! Que ce dernier trait vous confonde & m'honore.
Venez ! C'est Moi qui veille à votre embarquement,
Et qui vous défendrai jusqu'au dernier moment.

AGUILAR

Tombant avec tous les autres à ses pieds.

Vous triomphez, Cortès ! Disposez de nos vies !
Tenez lieu de trésors, d'asiles, de Patries !
Alons combatre, Amis : & la flame à la main,
Anonçons aux Soldats notre noble dessein.

CORTÈS *à Aguilar.*

Prévenons un malheur. Se courant satisfaire,
D. Pèdre exposeroit ses jours en téméraire :
Sçachez le retenir éloigné du combat.
C'est nous servir, Lui, Moi, Vous, Elvire, & l'État.

Fin du quatrième Acte.

ACTE V.
SCENE PRÉMIERE.
D. PEDRE, AGUILAR.
D. PEDRE.

Perfide, laîssez-moi !

AGUILAR.

Dumoins daignez aprendre....

D. PEDRE.

D'un Homme tel que Vous je ne veux rien entendre.
Tous vos propos seroient des propos superflus.
Cortès est votre ami : je ne vous conoîs plus.

AGUILAR.

Mais conoîssez Cortès.

D. PEDRE.

C'est mon Juge & mon Maître.
Captif & désarmé, puis-je le méconoître ?
On ne me vèrra pas devant Lui m'oublier,
Jusqu'à prendre le soin de me justifier.
Mais qui pourois-je mieux atester que Vous-même ?
Ai-je usé contre Lui du moindre stratagême ?
Ai-je, malgré l'afront que vous n'ignorez pas,
Le prémier, à la fuite, animé ses Soldats ?
J'ai sçû vos volontés ; & je les ai suivies.
Vos trésors, disiez-vous, vos honeurs, & vos vies,
Tout, sans ce prompt départ longtems prémédité,
Devenoit le joüèt de sa téméragême.
Pour Chèf, à son défaut, il vous plaît de m'élire ;
Et quand je n'atens plus que les adieux d'Elvire,
Je vous revois sans Elle, & la flame en vos mains
De la gloire à Cortès rouvrir tous les chemins !
C'est Lui que l'on quitoit : c'est Moi qu'on abandone.
Qui mérite le mieux tous les noms qu'il me done ?
Pour vous en avoir crûs, suis-je un homme sans foi ;
Et coupable envers Lui, comme Vous envers Moi ?

AGUILAR.

J'ai cessé tout à coup, Seigneur, d'être le même.
Mais ne vous en prenez qu'à l'ascendant suprême
D'un Chèf à qui, pour peu qu'il se fasse écouter,
Plus on est courageux, moins on peut résister.
En fissiez-vous bientôt une épreuve éclatante !
Cortès est né pour vaincre : il peut tout ce qu'il tente.
Il parle, on se ranime ; il marche, tout le suit ;
Son bras se lève, il frape, & le Mèxicain fuit.
Enfin….

D. PEDRE.

  Devant un Roi que son Peuple redoute,
Et non devant Cortès, on aura fui sans doute.
Le Prince, en me quitant, s'en étoit bien flaté ;
Et votre Chèf heureux en aura profité.

AGUILAR.

Détrompez-vous. Cortès doit tout à son courage.
Loin que l'aspect du Prince aît dissipé l'orage,
Sur le plus haût Portique à peine a-t-il paru,
Qu'ainsi que la clameur, le péril s'est accru.
Sa voix aux Factieux se vouloit faire entendre :
Mais leurs cris insolens n'ont daigné se suspendre,
Qu'au signal absolu que leur en a donné
Celui que dans le Temple ils avoient couroné.
Le Rebèle s'avance acompagné des Prêtres.
Meurs, a-t-il dit au Roi, *meurs fidèle à tes Maîtres !*
Expie aux yeux de Tous ton forfait & le leur.
Et dès-que cette flèche aura percé ton cœur,
Tombe en cendre aussi-tôt l'autel où je t'immole !
A ces mots, levant l'arc, il tire ;[62] le trait vole ;

---

[62] This is the ceremonial shooting of an arrow to signal the beginning of combat introduced in III. 4 with an explanatory footnote by Piron, although the ceremony does seem to be Piron's own invention. The source of this incident in the historical account describes Montezuma being hit by a stone, not an arrow: 'Les Espagnols furent contraincts de prier Moteczuma, lequel ils auoient retenu auecques eux, de commander à ses habitans qu'ils eussent à se retirer chez eux. Mais comme ce Roi estoit monté en vn haut estage de ce Palais pour leur faire ce commandement[,] comme ces Indiens iettoient vne infinité de pierres, vne le frappa à la tempe si estroit, qu'au bout de trois iours il en mourut' (López de Gómara, *Histoire generalle*, p. 114b). The use of the poisoned arrow makes it easier for Piron to engineer the double plot twist of the dénouement which allows a first surprise with the announcement that the king,

Et mille coups de feu prémices du combat,
Du Barbare, à l'instant, punissent l'atentat.
Le Grand-Prêtre entouré de coupables victimes,
Lui-même, aux yeux de Tous, expie aussi ses crimes.
Mais cette hardiesse aulieu d'épouvanter,
Ne rend nos Ennemis que plus à redouter.
Pour la prémière fois, leur nombre ne s'étone
Ni de l'acier qui luit, ni de l'airain qui tonne.
Du salpêtre enflamé le ravage, avec soi,
Répand la mort au loin, sans répandre l'éfroi.
Tous nos éforts sont vains. La Foule plus épaîsse,
Sous nos coups redoublés, se reproduit sans cesse.
Déjà l'ardeur en Nous sembloit se ralentir ;
Et de Cortès enfin l'Astre se démentir ;
Quand le Temple, du haût de sa voûte alumée,
A vomi des torrens de flame & de fumée.
C'étoit Sicotanfal[63] & ses Tlascaliens
Qui, volant au secours de leurs Concitoyens,
A la ville, en ce lieu déserte & sans défense,
Par ce début terrible, anonçoient leur présence.
L'espoir en Nous alors s'étant renouvellé,
La Terreur, à sa source, a bientôt revolé.
Nous sortons. L'Ennemi que la mort environe,
Aveugle ou furieux s'y livre, ou se la donne.
Tlascala, dans le meurtre, assouvit son couroux.
Sa détestable soif s'étanche malgré Nous.
La flame aussi résiste ; & les vents la secondent.
Nous voyons ruisseler les métaux qui se fondent ;
Et, du Temple embrâsé, parmis d'horribles cris,
L'or & le sang mêlés inonder les débris.

D. PEDRE.

Quel étrange désastre ! & de quels traits, l'Histoire
Gravera-t-elle un jour une telle victoire ?[64]

---

whom Don Pèdre mistakenly takes to be dead, is barely even wounded, before following it up with the second surprise of the revelation that the arrow was tipped with a deadly poison. The use of the poisoned arrow or dart is also, of course, a theme closely associated with Central and South America.

[63] 'Sicotenfal' on the previous two mentions of his name.

[64] In fact, as López de Gómara recounts, the battle was a defeat for the Spanish, and was followed by their withdrawal from the city of Mexico (*Histoire generalle*, pp. 115a–15b).

AGUILAR.

Ce qu'elle a d'héroïque est l'œûvre de nos mains.
Que le reste s'impute à des Américains.
Cortès, ainsi que Nous, en a versé des larmes.
Des mains des Aliés, il arrachoit[65] les armes ;
Et de les méconoître osoit les menacer,
S'il ne voyoit le meurtre & le dégat cesser.
Les Barbâres enfin gardent quelque mesure.
Le Peuple, près de Nous, se range, se rassure ;
Et, de nos soins heureux témoin reconoîssant,
Songe à les mériter, en nous obéïssant.

D. PEDRE.

J'aurois dû, ce me semble, aprendre par tout autre,
Une gloire, Aguilar, si funeste à la nôtre.

AGUILAR.

La gloire est générale, & se répand sur Tous.

D. PEDRE.

Mais, le Roi n'étant plus ; avec un tel Epoux,
L'espérance d'un Trône à ma Fille est ravie.

AGUILAR.

Montézume est toujours plein d'espoir & de vie.
Le trait n'a de son sang qu'à peine été rougi ;
Et partout sa valeur n'en a pas moins agi.
Mais oubliez....

D. PEDRE.

Cortès me fait-il interdire
L'entretien consolant de ce Prince & d'Elvire ?

AGUILAR.

Vous brûliez de périr les armes à la main.
Il[66] n'a voulu que mètre obstacle à ce dessein.
Il vous rend maintenant plus libre que Lui-même ;
Puisqu'il vous cède ici l'autorité suprême.

---

[65] 1757: 'il a rachoit les'.
[66] 1757 reading; 1758: 'main. | n'a voulu'.

D. PEDRE.

Ah, que m'aprenez vous ?

AGUILAR.

Plus que vous n'espériez.

D. PEDRE.

Plus que je ne craignois !

AGUILAR.

Quoi ? Vous préféreriez....

D. PEDRE.

Oui, la mort ; oui, les fers, à l'ofre humiliante
Dont je sens qu'il insulte à ma haine impuissante.

AGUILAR.

C'est conoître bien mal un cœur tel que le sien.

D. PEDRE.

Pour y lire, Aguilar, il me sufit du mien.

AGUILAR.

Son respect est sincère.

D. PEDRE.

Il a sçû vous séduire.

AGUILAR.

Qu'un mot sufise. Il aime, il idolâtre Elvire.

D. PEDRE.

Lui !

AGUILAR.

L'amour le plus vif est garand de sa foi.

D. PEDRE.

Ne nous flatez-vous pas, Elvire, Vous, & Moi ?

AGUILAR.

Cortès impatient comme on l'est, quand on aime,
A vos pieds, va bientôt vous le jurer Lui-même.

SCENE II.

D. PEDRE.

Plût au Ciel ! Quelle joie, au moment qu'à l'envi
Tout concourt à flater son orgueil assouvi,
Quel plaisir de lui faire éprouver quelque honte,
En dédaignant l'aveu d'une flame si prompte !
Qu'ose-t-il espérer ? Quand de justes raisons
Ne désuniroient pas à jamais nos Maisons ;
Quand je voudrois payer un bienfait (dont peut-être
Il se fût abstenu, s'il m'eût pû reconoître)
Quand enfin le délai qui tantôt m'a blessé,
N'intèresseroit pas mon honneur ofensé ;
Ma parole aujourd'hui plus d'une fois donnée
Permèt-elle qu'on rompe un auguste Himénée,
Pour des feux qui ne sont que l'éfèt violent
De la présomption d'un Vainqueur insolent ?
Conquérant fortuné de ces sanglantes Rives,
Il mèt déjà ma Fille au rang de ses Captives ;
Et ne me regardant que d'un œil de dédain,
Moins en Amant qu'en Maître, il ose ofrir sa main.
Tu t'abuses, Cortès ! & mon ame charmée
Te prépare....

SCENE III.

D. PEDRE, ELVIRE.

D. PEDRE.

Ah, ma Fille ! Etes-vous informée...

ELVIRE.

Oui, je sçais & pourquoi vous étiez arrêté,
Et l'honeur qu'on atache à votre liberté.
Eh bien, sur vos malheurs gémissez-vous encore ?
Est-ce là ce Rival, Seigneur, qui vous abhore ?
Fait-il de sa[67] fortune un criminel abus ?
Et m'étois-je trompée, en vantant ses vertus ?
Je vous l'avois bien dit, que ce jeune courage,
De ses heureux exploits vous réservoit l'homage ;
Et qu'un si noble trait les couroneroit tous.

---

[67] 1757, 1758: 'de fa fortune'.

D. PEDRE.

Oui ; mais à quoi, ma Fille, à quoi le devons-nous,
Ce trait qui, de Cortès éfaçant la naissance,
Est si digne, à tes yeux, de ma reconoissance ?
A la plus fole audace, au plus indigne espoir
Que nos malheurs pouvoient lui laîsser concevoir !
A l'Amour ! Si pourtant, c'est ainsi que se nomme
Une frivole ardeur qui naît au cœur de l'Homme,
Quand, du sein corrompu de la Prospérité,
Il donne un libre essor à la cupidité.
A ta possession le Téméraire aspire ;
Et d'égards aparens payant la main d'Elvire,
Il pense que je n'ose… Ah j'aime, à cet afront,
J'aime à voir la rougeur qui s'élève à ton front !
Oui, ma Fille ; tel est l'intèrêt qui l'anime.
Le voilà donc ce cœur si pur, si magnanime ?
J'eûsse été bien surpris que, du sang dont il sort,
La vertu seule eût eû l'honeur d'un tel éfort.

ELVIRE.

Du moins s'il se plaisoit au récit du naufrage
Où D. Sanche a pour Nous signalé son courage,
Et si me retrouvant prête à donner ma foi,
Il s'est jetté, Seigneur, entre l'Autel & Moi ;
Dumoins, de votre cœur la fierté mécontente
N'en dut pas acuser une haine insultante ;
Et vous ne direz plus que nous ayant trouvés,
S'il nous eût reconus, il nous eût moins sauvés.

D. PEDRE.

Je vous entends. Tolède a vû naître sa flame ;
Et c'étoit[68] le secrèt qui pesoit à votre ame,
Quand vous avez tantôt embrassé mes genoux,
Et que ma bonté, prompte à mieux penser de Vous,
A la perte d'un Trône imputoit vos alarmes ?….
On ne me répond rien ! Il t'échape des larmes !

ELVIRE.

Mon Père !….

---

[68] 1757: 'sa flame. | Seroit-ce le'.

D. PEDRE.

Elvire !....

ELVIRE.

Hé quoi ? N'être pas désarmé....

D. PEDRE.

Ah, je n'ai plus de Fille ; & Cortès est aimé !

SCENE IV.
D. PEDRE, CORTÈS, ELVIRE.

CORTÈS.

Le Mèxique à genoux devant l'Aigle arborée,[69]
Reconoît de César la Majesté sacrée,
Seigneur ; & Charle ayant à se manifester,
C'est à Vous désormais à le représenter.[70]
Il faloit, dans un Champ d'horreur & de carnage,
Vous sauver de Vous-même & de votre courage.
Vous étiez un dépôt dont, après le combat,
M'eûssent demandé compte Elvire & tout l'État.
N'osant donc un moment vous y laîsser paroître,
Je comandois encor où vous ne pouviez être ;
Mais d'un calme assuré n'ayant plus qu'à joüir,
Où vous êtes alors, je ne sçais qu'obéïr.

D. PEDRE.

Si je m'étois laîssé, du sein de la disgrace,
Par Toi-même, élever aux honeurs de ta place ;
Mon malheur est extrême, il seroit consommé.
Je dois n'être que plaint ; je serois diffamé.
Cortès, ne me rends pas l'oprobre des deux Mondes !
Fais-moi sur une barque abandoner aux ondes,
Où, ne dépendant plus que d'elles & du sort,
Je puisse retrouver ou mon rang ou la mort.
(*à Elv.*) Suivez-moi.

---

[69] Whilst 'aigle' can be either masculine or feminine as appropriate when referring to an actual bird, when used as a heraldic term, as here, it is always feminine.
[70] Again, Charles V in his role as Holy Roman Emperor.

CORTÈS.

Quoi, Seigneur....

D. PEDRE.

Laîssez nous.

CORTÈS.

Chère Elvire,
Vous n'avez donc pas dit ce que vous deviez dire ?

ELVIRE.

Hélâs !

D. PEDRE.

Je veux partir ; & ne plus rien sçavoir.

CORTÈS.

Qui pensez-vous donc voir en Moi ?

D. PEDRE.

Que puis-je y voir,
Qu'un dernier instrument des cruautés célestes
Qui veulent de mes jours empoisoner les restes !
Vas ! Je mérite bien que, de l'inimitié,
Ton cœur pâsse au mépris, & même à la pitié.
Soüille ma vie au gré des mânes de tes Pères !
Qu'est-elle, qu'un tîssu d'afronts & de misères ?
Mon âge, dans l'oubli d'un exil de vingt ans,
A vû sècher sa fleur, & perdre l'heureux temps
Qui de l'Homme éternise & fonde la mémoire.
Rapellé, j'entrevois une roûte à la gloire ;
J'y vole sur la foi d'un perfide Elément[71]
Dont toutes les faveurs sont pour Toi seulement.
En me ravissant tout, il me laîsse la vie ;
Et c'est pour me jetter sur une Rive impie[72]
Où m'atend l'apareil d'un sacrifice afreux !
Que dis-je ? Où je te trouve ! Où je te trouve heureux !
Où ton astre, pour Moi pire que le naufrage,

---

[71] The ocean.
[72] 1757: 'Rive impi | Où'.

Nous saûve à des autels ; à d'autres nous outrage !⁷³
Joüèt infortuné du Chèf & des Soldats,
Ma Fille me restoit du moins….

ELVIRE.

N'achevez pas !
Elvire est votre Fille ; elle vous reste encore,
Seigneur ; & n'est pas seule ici qui vous adore….

CORTÈS.

Écartez en éfèt, Seigneur, de votre esprit
Tout ce qui l'indispose, ou l'abat, ou l'aîgrit ;
Et voyant d'un autre œil, le rang qu'on vous défère…

D. PEDRE.

Et de quel œil veux-tu que je le considère,
Ce rang, le juste fruit d'une râre valeur
Dont le bruit seul m'a fait courir à mon malheur ?….
Oui ; d'une ambitieuse & noble jalousie,
Mon ame, je l'avouë, à ce bruit fut saisie,
Et de le partager forma le vain projèt.
T'égaler, t'obscurcir étoit mon seul objèt.
J'avois mis là ma gloire ; & ma honte en résulte.
Joüis-en. Mais plus loin ne pousse pas l'insulte,
A ma fierté confuse ofrant en ce Pays,
Un rang qui n'y convient qu'à Ceux qui l'ont conquis.

CORTÈS.

A vous l'ofrir aussi c'est ce qui me convie.
Oui ; si ce que j'ai fait mérite quelque envie,
Que Charle, & non D. Pèdre, en daigne être jaloux !
Quel est le Conquérant ici, si ce n'est Vous ?

D. PEDRE.

Moi !

CORTÈS.

Vous, en qui le droit de disposer d'Elvire,
Rassemble, & par delà, tous les droits de l'Empire !

---

⁷³ The first altars are where he and Elvire were to have been sacrificed, the second where Elvire was to have been married.

Vous dont je ne pouvois, par de moindres exploits,
Chercher à mériter & l'estime & le choix.
De ces exploits moins dûs à mon bras qu'à ma flame,
Elvire étant l'objèt, vous seul en étiez l'ame.
Mes lauriers sont à Vous, comme, aux Fronts couronés,
Ceux qu'un Sujèt fidèle a pour Eux moissonés.

(Elvire ici voyant son Père émû se jette à ses pieds)

Ne voyez que la gloire ici qui vous est duë !
N'y voyez que les pleurs d'une Fille éperduë !
Que l'amour d'un Guèrrier qui tombe à vos genoux !
Dont tout le sang ofert.....

D. PEDRE *tendrement.*

Ma Fille, levez-vous.

CORTÈS.

Ah, je vous fléchirai ! Ce regard favorable
Semble avouër déjà qu'Elvire est moins coupable !
J'acheverai, Seigneur, de la justifier.
A vos nobles travaux daignez m'associer !
Chèr à tous nos Soldats, marchez à notre tête !
Sous vos ordres partout l'Aigle à voler est prête.
Parlez ; & nos vaisseaux fendant l'onde & les airs,
Du Sud auront bientôt franchi les vastes Mers.
Et qu'ai-je donc tant fait sur ce vaste Hémisphère,
Que ne puisse éfacer ce qu'il y reste à faire ?
Le Cirque s'ouvre à peine ; & la palme encor loin,[74]
M'engageant à vous suivre....

D. PEDRE.

Il n'en est plus besoin.
Dans cet embrassement joüis de ta victoire.
Puisque tu m'as vaincu, rien ne manque à ta gloire.
Triomphe, heureux Cortès ! Et triomphe, assuré
Que je t'ai moins haï mile fois qu'admiré....
Mais de quel prix payer un dévoûment si tendre ?

---

[74] A metaphor signifying that the challenge is only just beginning, and the prize still a long way off.

CORTÈS.

De quel prix ! Ah, Seigneur tout vous le fait entendre.⁷⁵
Du prix dont je m'osois flater auparavant ;
Du prix que se promit D. Sanche en vous suivant.

D. PEDRE.

Je croirois préférable à tous les Rois du Monde
Un Héros qui pour Moi soumèt la Terre & l'onde,
Si d'un si juste choix le droit m'étoit rendu.
Mais, généreux Cortès, l'espoir en est perdu.
Vous le sçavez : Elvire est au pouvoir d'un Autre.
J'ai donné ma parole : & même sur la vôtre.

CORTES.

Ah, vous n'ignorez plus….

D. PEDRE.

J'ignore aveuglément
L'art de se dispenser de la foi d'un serment.⁷⁶
Que l'honneur ici parle à tous les trois en Maître.
Vous êtes, Vous, mon sang : & Vous, digne d'en être.
Je vous perds à regrèt : je m'y résous pourtant.
Imitez-moi. Sçachez, d'un œil ferme & constant,
Envisager….

CORTÈS.

Non, non ; le Prince est équitable.
Je saurai, sans m'y prendre en Rival redoutable,
Et n'oposant qu'honeur, que raison, qu'amitié….
Mais que vois-je ? Est-ce Lui ! Quel objèt de pitié !

---

⁷⁵ 1757, 1758: 'entendre | Du'.
⁷⁶ 1757, 1758: 'serment | Que'.

SCENE V. & dernière.

MONTÉZUME mourant, CORTÈS, D. PEDRE, ELVIRE, gardes.

CORTÈS.

Monarque infortuné ! Nommez le Parricide,
Dont la main….

MONTÉZUME.

   Vous avez foudroyé le Perfide.
C'est Celui qui, tantôt, ceint du bandeau royal,
A sur Moi levé l'arc, & donné le signal.
Du coup peu craint, telle est la suite inopinée.
La flèche du Barbâre étoit empoisonée.
L'éfet de veine en veine a pénétré mon sein ;
Et l'Ange de la Mort étend sur moi sa main.

CORTÈS.

Monstres que ne dut pas épargner ma clémence !
Peuple ingrat ! Que le fer, que le feu recomence !
Tremble ! Ton Prince à peine aura fermé les yeux,
Que ta destruction purifiera ces lieux !

MONTEZUME.

Au nom du Dieu de paix j'ose vous le défendre.

CORTÈS.

Quoi ? Votre cœur encor voudroit….

MONTEZUME.

     Daignez m'entendre ;
Et recueillir du fond de ce cœur paternel,
Quelques mots que doit suivre un silence éternel.
 Oui ; j'imite en mourant votre Dieu que j'adore.
Sacrifié par Eux, pour Eux je vous implore ;
Pour Eux je vous demande, en ce dernier moment,
Une pitié bien duë à leur aveuglement.
Vous m'avez fait conoître & plaindre leur misère.
Vous futes mon Ami ; daignez être leur Père.
Ils peuvent être heureux, vous m'en êtes garand :
Que ce flateur espoir me suive en expirant.
(à Elv.) Faites-en souvenir l'Epoux que je vous laîsse,

O Vous dont je n'ai pû mériter la tendresse !
Je n'en murmure plus conoîssant mon Rival.
Heureux que ce ne soit qu'après le coup fatal !
Quelque homage de Moi que sa valeur obtienne,
Ma main vous eût osé disputer à la sienne :
Du moins, par un des Miens, à vos pieds renversé,
Je meurs sans vous avoir l'un ni l'autre ofensé.

(*On l'emporte*)

D. PEDRE.

Il expire. Sa mort est digne de nos larmes.
Mais enfin l'Amérique est soumise à vos armes.
Que d'un exploit si râre Elvire soit le prix ;
Possédez-la, Cortès ; & devenez mon Fils.

FIN.

SELECT BIBLIOGRAPHY

CLENDINNEN, INGA, *Aztecs: An Interpretation* (Cambridge: Cambridge University Press, 1991)
CONNON, DEREK, *Identity and Transformation in the Plays of Alexis Piron* (Oxford: Legenda, 2007)
COUSIN D'AVALLON, CHARLES-YVES, *Pironiana; ou, recueil des aventures plaisantes, bons mots, etc. d'Alexis Piron* (Paris: Vitar-Jouannet, 1800)
'La Grange' <http://www.comedie-francaise.fr/la-grange-recherche-simple.php?id=550> [accessed 12 October 2012]
LÓPEZ DE GÓMARA, FRANCISCO, *Histoire generalle des Indes Occidentales*, trans. by Martin Fumée, 5th edn (Paris: Michel Sonnius, 1584)
—— *Histoire generalle des Indes Occidentales*, trans. by Martin Fumée, 5th edn (Paris: Michel Sonnius, 1605)
MONTAIGNE, MICHEL DE, *Essais*, ed. by Jean Plattard, 6 vols (Paris: Fernand Roches, 1931–32)
PERRET, CLAUDE, *Éloge de M. Piron, lu à la séance publique de l'Académie de Dijon, du 23 décembre 1773* (Dijon: Frantin, 1774)
PIRON, ALEXIS, *Chef-d'œuvres dramatiques d'Alexis Piron*, 2 vols (Paris: Veuve Duchesne, 1775)
—— *Ferdinand Cortez, overwinnaar van Mexico*, trans. by Johannes Nomsz (Amsterdam: Izaak Duim, 1764)
—— *Fernand-Cortés, tragédie* (Paris: Duchesne, 1757)
—— *Gustave-Wasa*, ed. by Derek Connon, MHRA Critical Texts, 57 (Cambridge: Modern Humanities Research Association, 2016)
—— *Hernan Cortés* [trans. by Alonso Pérez de Guzmán, Duke of Medina Sidonia] ([Madrid]: Imprenta Real de la Gazeta, 1776)
—— *Œuvres choisies d'Alexis Piron*, 2 vols (Paris: Haut-Cœur et Gayet, 1823)
—— *Œuvres complettes d'Alexis Piron*, ed. by Rigoley de Juvigny, 7 vols (Paris: Lambert, 1776)
—— *Œuvres complètes illustrées de Alexis Piron*, ed. by Pierre Dufay, 10 vols (Paris: F. Guillot, 1928–31)
—— *Œuvres d'Aléxis Piron*, 3 vols (Paris: N. B. Duchesne, 1758)
—— *Les Œuvres d'Alexis Piron*, 2 vols (Amsterdam: Merkus & Arckstée, 1766)
'Registres de la Comédie-Française' <https://ui.cfregisters.org/plays> [accessed 5 November 2023]
RESTALL, MATTHEW, 'Moses, Caesar, Hero, Anti-hero: The Posthumous Faces of Hernando Cortés', *Leidschrift*, 31.2 (May 2016), 33–58
SMITH, MICHAEL E., *The Aztecs*, 2nd edn (Oxford: Blackwell, 2003)
SPONTINI, GASPARE, *Fernand Cortez; ou, la conquête du Mexique*, libretto by Étienne de Jouy and Joseph-Alphonse Esménard (Paris: Imbault, [1809])
THOMAS, HUGH, *The Conquest of Mexico* (London: Hutchinson, 1993)
TRUCHET, JACQUES, ed., *Théâtre du XVIIIe siècle*, 2 vols ([Paris]: Gallimard, 1972–74)
VERÈB, PASCALE, *Alexis Piron, poète (1689–1773); ou, la difficile condition d'auteur*

sous Louis XV, Studies on Voltaire and the Eighteenth Century, 349 (Oxford: Voltaire Foundation, 1997)

VERTOT D'AUBŒUF, ABBÉ RENÉ AUBERT DE, *Histoire des révolutions de Suède, où l'on voit les changemens qui sont arrivez dans ce royaume au sujet de la religion et du gouvernement*, 2 vols (Paris: Brunet, 1695)

VOLTAIRE, *Œuvres complètes de Voltaire*, ed. by Theodore Besterman et al., 205 vols (Oxford: Voltaire Foundation, 1968–2022)

YOUNG, ROBERT J. C., *Empire, Colony, Postcolony* (Chichester: Wiley Blackwell, 2015)

MODERN HUMANITIES RESEARCH ASSOCIATION
CRITICAL TEXTS

A SELECTION OF RECENTLY PUBLISHED TITLES

Louis-Sébastien Mercier, 'Le Vieillard et ses trois filles' and 'Timon d'Athènes':
Two Shakespeare Adaptations
Edited by Joseph Harris

Alexis Piron, 'Le Claperman' and 'L'Âne d'or'
Edited by Derek Connon

Alexis Piron, 'Gustave-Wasa'
Edited by Derek Connon

'La Découverte de l'île Frivole' by Gabriel-François Coyer
A bilingual edition by Jean-Alexandre Perras

The Pen and the Needle:
Rousseau & the Enlightenment Debate on Women's Education
Edited by Joanna M. Barker

Francisco Nieva, 'Coronada y el toro'
Edited by Komla Aggor

Life and Death on the Plantations:
Selected Jesuit Letters from the Caribbean
Edited and translated by Michael Harrigan

texts.mhra.org.uk

www.ingramcontent.com/pod-product-compliance
Lightning Source LLC
Chambersburg PA
CBHW070541170426
43200CB00011B/2501